AF357791

OPINIONS

DES

ANCIENS

SUR LES JUIFS.

Par feu M. DE MIRABAUD,

Sécrétaire perpétuel de l'Académie Françoise.

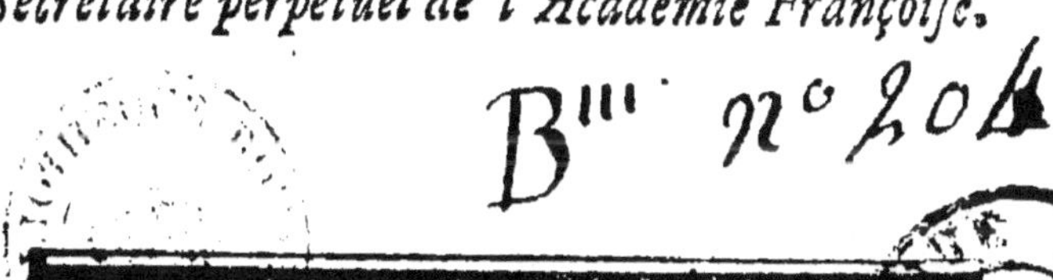

LONDRES

MDCCLXIX.

OPINIONS

DES
ANCIENS
SUR LES JUIFS.

ON croit communément aujourd'hui que la misere dans laquelle les Juifs font tombés, & que le mépris univerfel qu'on a pour eux, font des fuites de la malédiction que Jéfus-Chrift a jettée autrefois fur cette malheureufe nation.

Cette opinion fait honneur à la Religion Chrétienne. Il feroit à fouhaiter qu'elle ne fût point l'effet d'un zêle prévenu & peu éclairé, & qu'elle fe trouvât conforme à la vérité hiftorique ; cependant il eft certain que les Juifs avant que de s'être attiré cette malédiction, qu'on regarde comme la caufe de leur mifere, étoient déja haïs & méprifés partout où ils étoient, & on conviendra même qu'il n'eft prefque jamais fait mention d'eux dans l'antiquité que par rapport à ce mépris & cette averfion générale qu'on avoit pour eux.

Tome I. A

De tous les anciens qui ont parlé de l'origine du peuple de Dieu, il n'y en a pas un seul qui ne l'ait fait de la manière du monde la plus méprisante & la plus injurieuse. Manethon & Chéremon, historiens Egyptiens dont Joseph nous a conservé les témoignages, nous apprennent, qu'*une grande multitude de Lépreux & d'autres personnes infectées de maladies contagieuses furent autrefois chassés de l'Egypte par le Roi Amenophis : que ces Lépreux élurent pour leur chef un Prêtre d'Héliopolis nommé Moyse, qui leur composa une Religion & leur donna des Loix.* (1)

Lisimaque, que Joseph cite aussi, dit la même chose que ces deux historiens, excepté qu'il appelle Bocchoris le Roi qui chassa les Juifs (2).

Tacite (3) a suivi Lisimaque : Diodore de Sicile, sans faire mention ni de Bocchoris ni d'Amenophis, dit (†) simplement qu'on avoit assuré à Antiochus E-

(1) Contre Appion. Liv. I. Ch. 9. 11. 12.
(2) Hist. Lib. 5. Cap. 34. apud. Photium.
(3) Plurimi authores consentiunt, orta per E-gyptum tabe, quæ corpora fœdaret, regem Bocchorim, adito Hammonis oraculo remedium petentem, purgare regnum & id genus hominum ut invisum Deis, alias in terras avehere jussum. Hist. Lib. 5. Cap. 3.
(†) Photius Bibliot. Lib. 34.

piphane que cette nation avoit été chas-
sée de l'Egypte à cause de la lèpre dont
elle étoit infectée. Justin (4) parle de
même que Diodore , & il est malheu-
heureux pour les Juifs qu'une opinion,
qui leur attribue une origine si basse &
si honteuse, ait été communément reçue
sans que personne ait daigné ajouter foi
à la maniere éclatante & miraculeuse
dont ils assuroient eux-mêmes qu'ils é-
toient autrefois sortis de l'Egypte.

Strabon est de tous les historiens celui
qui a traité les Juifs le plus favorablement. Cet auteur à la vérité n'a pas
adopté leur sortie miraculeuse de l'E-
gypte, mais aussi ne fait-il pas mention
de cette vilaine maladie que les autres
leur attribuent : il dit simplement qu'ils
se retirerent sous la conduite de Moyse
qui étoit un Prêtre du pays. Justin &
Tacite, ainsi que nous venons de le dire , conviennent de la lèpre , mais ils
ne donnent pas à ces lépreux l'Egypte
pour pays originaire ; le premier qui
avoit quelque connoissance des Ecritures fait les Juifs Syriens d'origine ;
l'autre trompé par la ressemblance du
mot Juda avec celui d'Ida , qui est
le nom d'une montagne de Crete , a

(4) Lib. 36. Cap. 2.

cru (ʃ) qu'ils étoient originaires de cette isle. A la réserve de ces deux historiens, tous les autres ont assuré que les Juifs étoient Egyptiens; la conformité de caractères & d'usages qu'on remarquoit entre ces deux nations leur faisoit donner une origine commune, d'autant plus que les Juifs convenoient eux-mêmes qu'ils avoient habité longtems l'Egypte.

Chez les Egyptiens les Prêtres étoient nourris & entretenus aux dépens du public, ils étoient vêtus de lin, ils se baignoient fréquemment le jour & la nuit. Le Souverain Pontife portoit une image de saphir pendue au colet, cette image s'appelloit *vérité* (†) : dans leurs sacrifices ils faisoient l'exécration sur la tête d'une victime, c'est-à-dire qu'ils prioient (‡) les dieux de détourner sur cette tête tous les maux dont le peuple étoit menacé ; le même usage se trouvoit établi chez les Juifs : la circoncision, l'horreur pour le pourceau, les jeûnes observés la veille des fêtes, la distinction des Ecritures en sacrées &

(ʃ) *Vid*. Tacit. Hist. Lib. 5. Cap. 4.
(†) Hérodote Lib. 5. Plutarch. polit. Elien var. Hist. Lib. 14. Cap. 34.
(‡) *Voyez* Diodore L. 2. 5. 6. Plutarch. simpos. Lib. 4. Cap. 7.

profanes & celle des animaux en purs &
impurs, paroiſſent encore empruntées
des Egyptiens. L'hiſtoire de la nation
Juive autoriſoit l'opinion, qui donnoit
à ces deux peuples une même origine, & inſinuoit aſſez clairement qu'ils
avoient autrefois adoré le même Dieu.
Au ſortir de l'Egypte dès que les Juifs
eurent perdu de vue Moyſe qui vouloit
établir parmi eux une nouvelle religion,
la premiere choſe qu'ils firent fut de ſe
forger un veau d'or, qui étoit, comme
on le ſait, le principal objet du culte
des Egyptiens. Moyſe lui-même en
élevant le ſerpent d'airain dans le dé-
ſert, remit devant les yeux de ſon peuple un de leurs plus fameux hiérogly-
phes qui ne manqua pas dans la ſuite de
faire retomber les Juifs dans l'idolâtrie,
à laquelle il vouloit les faire renoncer (7). Enfin on trouvoit une ſi grande conformité entre les cérémonies &
les uſages des Juifs & des Egyptiens,
qu'on a toujours confondu ces deux nations, de même qu'on confondit depuis
les Chrétiens avec les Juifs, les anciens
n'ayant jamais regardé le Chriſtianiſme
que comme une ſecte & une branche

____

(7) Le Roi Ezéchias fit briſer le ſerpent d'airain parce que les Juifs l'adoroient.

particuliere du Judaïfme.

Les Egyptiens qui avoient été fi long-tems les plus illuftres des peuples de la terre, qui avoient enfeigné les fciences & les arts au refte du monde, avoient beaucoup perdu dans la fuite de leur ancien éclat, ou peut-être n'avoient-ils été redevables de leur célébrité qu'à l'ignorance dans laquelle vivoient encore les autres nations dans le tems qu'ils étoient déjà une république policée. Quoi qu'il en foit, ils ne devinrent depuis célebres que par leur fotife & leur fuperftition ; & fi la curiofité attiroit encore les hommes chez eux pour y admirer la folidité de leurs pyramides, & les autres ouvrages de leurs ancètres, on y alloit auffi quelquefois pour y être témoin d'une religion que l'on regardoit comme le triomphe de l'extravagance humaine. Les Egyptiens étoient donc tombés dans le mépris général de tous les peuples, & les Juifs qu'on confondoit toujours avec eux partageoient ce mépris; ils s'en attiroient même un encore plus grand par la fingularité de leur culte & par les maximes qu'on leur imputoit, ainfi que nous allons le faire voir.

Toutes les nations avoient pour les

Juifs non seulement un sentiment de mépris, mais encore un sentiment de haine, & on se croyoit également bien fondé à les haïr & à les mépriser: on les haïssoit parce qu'on savoit qu'ils haïssoient les autres hommes, & on les méprisoit parce qu'on leur voyoit observer des coutumes qu'on trouvoit ridicules, & que d'ailleurs le caractere de leur esprit paroissoit très-méprisable, c'est ce qu'il faut examiner en particulier.

Les Juifs adoroient un Dieu invisible qu'ils assuroient être le maître de tous les Dieux; leurs prieres, leurs cantiques, leurs livres, leurs discours étoient pleins de termes injurieux pour les Dieux des nations; & cela eût été suffisant pour inspirer aux autres peuples de la haine pour eux; le seul zêle de religion l'auroit pu produire: mais on avoit une raison plus forte pour les haïr, qui est celle de l'amour propre & de l'intérêt particulier. On étoit persuadé que les Juifs avoient pour tous ceux qui n'étoient point de leur religion une haine d'autant plus grande qu'on la croyoit ordonnée par le Dieu qu'ils adoroient.

Ce fut cette raison seule qui au rapport de Diodore porta Antiochus à les traiter avec tant de rigueur. Le Roi, dit-il, détestant la haine que les Juifs portoient à toutes les autres nations, fit immoler un cochon dans leur temple, & fit répandre le sang de cette victime abominable sur leurs livres sacrés qui autorisoient cette haine injuste (8).

Tacite confondant les Chrétiens avec les Juifs, selon la coutume des anciens, assure que ces malheureux que Néron produisit comme coupables de l'incendie de Rome, ne furent convaincus de ce crime, que parce qu'on les crut très-capables de l'avoir commis par la haine qu'ils portoient au genre humain (9). Et dans un autre endroit il dit (10) positivement des Juifs, qu'ils ont à la vérité beaucoup de charité les uns pour les autres & une fidélité inviolable entre eux; mais qu'à l'égard de tous les autres hommes, ils leur portent une haine implacable. Ils n'enseignoient les chemins qu'à ceux de leur religion, dit Juve-

(8) Liv. 34. apud Photium.

(9) Haud perinde in crimine incendii quàm odio humani generis convicti funt. Annal. Lib. 15. Cap. 44.

(10) Apud ipfos fides obftinata, mifericordia in promptu, fed adverfus omnes alios hoftile odium. Tacit. Hift. Lib. 5. Cap. 5.

nal, (11) & ils ne vouloient indiquer les fontaines qu'aux feuls Circoncis, c'eſt-à-dire qu'ils refuſoient inhumainement les ſecours les plus ſimples & les plus ordinaires de l'humanité à tout autre qu'à des Juifs.

Quelques-uns accuſoient Moyſe d'avoir inſpiré aux Juifs cette haine pour les autres peuples pour ſe venger de la dureté avec laquelle les Egyptiens les avoient autrefois chaſſés de leur pays. (12) Mais ſans recourir à cette mauvaiſe intention de leur légiſlateur, la maniere barbare dont cette nation avoit autrefois traité les Cananéens de même que tant de peuples que Dieu leur avoit commandé d'exterminer juſqu'aux femmes & aux enfans, jointe à une infinité d'exemples de cruauté à l'égard des étrangers dont les livres des Juifs ſont remplis, tout cela, dis-je, étoit ſans doute ſuffiſant pour leur attirer la haine de tous les peuples. C'eſt à propos de ces maſſacres des Cananéens que l'Empereur Julien diſoit (13) „les légiſlateurs des

(11) Non monſtrare vias eadem niſi ſacra colenti; Quæſitum ad fontem ſolos deducere verpos. JUVENAL. SATYRA 14. VERS. 103.
(12) Diodore Lib. 40. apud Photium.
(13) Voy. St. Cyrille contra Julian. Lib. 6,

„ payens recommandent qu'on traite a-
„ vec douceur ceux-mêmes, de qui on
„ a été offenfé ; mais Moyfe ordonne
„ d'exterminer entiérement des peuples
„ innocens." Dieu a même plufieurs fois
ordonné aux Juifs d'exterminer les ani-
maux qui fe trouveroient dans certaines
villes des Cananéens.

La haine qu'on portoit aux Juifs étoit
donc fondée fur leurs hiftoires, fur leur
conduite à l'égard des incirconcis, &
fur l'opinion où l'on étoit qu'ils haïf-
foient eux-mêmes tout le refte des hommes. Voilà pourquoi ils étoient regardés comme les ennemis déclarés du genre humain, à qui il ne manquoit que le
pouvoir & une occafion favorable pour
faire fentir à tout l'univers les effets de
leur mauvaife volonté ; & voilà en même tems pourquoi dans toutes les féditions populaires ils étoient les premieres
victimes de l'indignation publique.

Les habitans d'Alexandrie en maffa-
crerent en une feule fois cinquante mille. Ceux de Séleucie en exterminerent
autant ; ceux de Damas dix mille ; ceux
de Céfarée vingt mille. Jofeph (14) qui
rapporte tous ces maffacres, déplore le

(14) Jofeph de bello Judaico. Lib. 2. Cap. 33.
34. 35. 36.

malheur de fa nation d'avoir pour enne- mis tous les peuples de la terre. Il faut avouer que les Juifs payoient l'avantage d'être la nation chérie de Dieu, par le défagrément d'être l'objet de la haine des hommes.

Cependant comme les Juifs étoient par leur foibleffe hors d'état de faire au- cun mal à perfonne, cela faifoit qu'on avoit pour eux encore plus de mépris que de haine. La circoncifion, l'obfer- vation du Sabbath, leurs jeûnes fréquens, leur fotte crédulité qui paffoit en pro- verbe, les rendoit la rifée de tous les peuples; les anciens n'ont jamais parlé d'eux que comme de la lie des hommes. „ Toutes les nations, difoit Julien, (15) „ fe font diftinguées par quelque en- „ droit, les unes par leur puiffance & „ leurs richeffes, les autres par leur fa- „ geffe, d'autres par leur efprit & leur „ induftrie, les Juifs feuls font toujours „ reftés dans l'obfcurité & fans aucun „ mérite." Tacite (16) nous apprend que le Sénat

(15) St. Cyrille contre Julien Lib. 5.
(16) Factum & de Sacris Ægyptiis Judaïcif- que pellendis : factumque patrum confultum, ut quatuor millia libertini generis ea fuperftitione in- fecta, queis idonea ætas, in infulam Sardiniam ve-

qui les chassa de Rome sous l'empire de Tibere, en envoya en Sardaigne quatre mille des plus vigoureux, ne se souciant pas beaucoup que l'intempérie de l'air de cette isle les y fît périr, & regardant leur perte comme une chose très-peu considérable. Il nous dit ailleurs que pendant que les Assyriens, les Medes & les Perses étoient les maîtres de l'Orient, les Juifs faisoient la plus vile & la plus méprisable partie de leurs sujets. (17)

Le même auteur parle ainsi de leur religion. Quelques-uns, dit-il, (18) voyant dans le temple des Juifs quantité d'ornemens, de feuilles de vignes & de grapes de raisins, ont cru que cette nation adoroit Bacchus, mais ils se trompent fort, car les cérémonies de Bac-

---

herentur, coercendis illis latrociniis, & si ob gravitatem cœli interiissent, vile damnum : Cœteri cederent Italiâ, nisi certam ante diem profanos ritus exuissent. Annal. Lib. 2. Cap. 85. sub. fin.

(17) Dum Assyrios penès Medosque & Persas oriens fuit despectissima pars servientium. Hist. Lib. 5. Cap. 8.

(18) Quia Sacerdotes eorum tibia tympanisque concinebant, hedera vinciebantur, vitisque aurea templo reperta : Liberum patrem coli, domitorem orientis quidam arbitrati sunt, nequaquam congruentibus institutis. Quippe Liber festos lœtosque ritus posuit ; Judæorum mos absurdus sordidusque. Tacit. Hist. Lib. 5. Cap. 5. sub fin.

chus n'infpirent que la joye & l'allé-
greffe, au lieu que celles des Juifs font
lugubres, fales & abfurdes.

La trifteffe du culte eft encore un
point fur lequel les anciens trouvoient
beaucoup de conformité entre les Juifs
& les Egyptiens. „ Les Dieux des Grecs,
„ dit Apulée, fe plaifent aux chants de
„ réjouiffance, mais les Divinités Egyp-
„ tiennes n'aiment que les chants lugu-
„ bres." (19)

Augufte (20) donna des louanges à
Caïus fon petit-fils fur ce qu'il n'avoit
pas daigné facrifier à Jérufalem en paf-
fant par la Judée, & c'étoit une des plus
grandes marques de mépris que les Romains puffent donner, que de ne pas facrifier aux Dieux des différens pays par
où ils paffoient. On peut voir dans Diodore, Strabon, Plutarque, Florus, Ammian - Marcellin & généralement dans
tous les hiftoriens qui ont parlé des Juifs,
la maniere méprifante avec laquelle ils
l'ont fait. (21)

(19) Egyptia numina plangoribus gaudent. , Græ-
ca choreis. De deo Socratis L. 2.

(20) Ægyptiacam & Judaïcam ceremoniam con-
temptui habuit & Caïum nepotem quod Judæam
præteriens apud Hyerofolimam non fupplicaffet,
collaudavit. Suet. in Augufto. Cap.

(21) *Voyez* Plutarque Simpofiac. Lib. 4. quæft.

Les Poëtes les ont raillés avec des termes encore plus piquans. Horace a consacré le proverbe de leur crédulité (22). Juvénal (23) nous les repréfente tantôt comme des conteurs de fornettes, tantôt comme de miférables gueux & toujours comme des hommes d'une fuperftition imbécille. Perfe (†) choifit la religion Juive pour défigner la fuperftition même. Horace (24) avant lui avoit fait la même chofe. Les Epigrammes de Martial font pleines de railleries continuelles contre eux : il y compare entre autres leurs (25) jeûnes à tout ce qu'il y a au monde de plus puant & cette épithete de puants leur eft donnée pré-

9. 5. — Diodor. Sicul. Lib. 34. — Straben Lib. 16. Florus, Lib. 3. Cap. 5. — Ammian. Marcell. Lib. 22.

(22) . . . . Credat Judæus apella. Lib. 1. Sat. 5. verf. 100.

(23) Qualiacumque voles Judæi fomnia vendunt. Sat. 6. verf. 546.

Judæis, quorum cophinus, fœnumque fupellex. Satir. 3. verf. 14.

(†) Labra moves tacitus, recutitaque Sabbata palles. Pers. Sat. 5. v. 18.

(24) . . . . . hodie tricefima Sabbata, vis tu Curtis Judæis oppedere ?
Horat. Sermon. Lib. 1. Satyr. 9. ✝. 69. 70.

(25) Quod jejunia Sabbathariorum. . . . .
Mallem, quàm quod oles, olere baffa.
Martial. Lib. 4. Epigram. 4.

férablement à toutes par Ammien Marcellin. (26)

Quoique la circoncifion fût commune aux Juifs, aux Egyptiens, aux Ethiopiens, & à d'autres peuples ; foit qu'ils l'obférvaffent plus réguliérement, foit qu'ils en donnaffent des raifons myftérieufes qu'on trouvoit abfurdes, il eft certain qu'ils étoient les feuls dont on fe moquoit ordinairement au fujet de cette coutume.

Ariftophane dans le *Plutus* la met affez plaifamment au deffous des chofes les plus viles & les plus honteufes. ,, On ,, vient, dit-il, d'emmener un vieillard ,, tortu, boffu, galeux, tout pelé, tout ,, ridé, & même je crois circoncis.''

On défignoit prefque toujours les Juifs par certains termes injurieux (27) qu'on ne peut rendre en notre langue, & qui avoient tous rapport à leur circoncifion ; mais fur-tout lorfque dans les bains publics ou dans d'autres occafions les Juifs étoient obligés de paroître ce qu'ils étoient, les huées étoient alors fi fortes & les railleries fi piquantes qu'ils ne pouvoient s'empêcher de rougir devant les hommes de cette marque caractériftique

(26) Lib. 22.
(27) *Verpi, curti, recutiti.*

du choix de Dieu. C'eſt pourquoi ils avoient ordinairement recours à certains moyens violens & douloureux pour paroître faits comme les autres dans ces occaſions, & pour effacer en quelque maniere cette tache qui leur attiroit des railleries qu'ils ne pouvoient ſoutenir (28). Enfin les étrangers portoient ſi loin le mépris décidé qu'ils avoient pour eux à cauſe de la circonciſion, qu'ils les inſultoient juſque dans leur ville capitale & même juſque dans leur Sanctuaire. Joſeph nous (29) apprend même qu'un Soldat de la Garniſon Romaine ſe tenant à la porte du temple où les Juifs entroient en grand nombre pour célébrer la fête de Pâques, s'aviſa de leur montrer à nud ce en quoi les autres hommes différoient d'eux, ce qu'il accompagna de paroles ſi inſultantes, que le peuple ſe ſouleva, & qu'il y en eut plus de dix mille d'entre eux qui périrent en cette occaſion.

Les Commentateurs de l'Ecriture ſe croient intéreſſés à ſoutenir, qu'Abraham eſt le premier de tous les hommes qui ait

(28) C'eſt ce qu'on appelle *reducere præputium*. Les Rabins viſionnaires font Iſaïe auteur de cet uſage; quelques-uns encore plus ridicules le font remonter juſqu'à Adam.

(29) Antiq. Judaïc. Lib. 20. Cap. 4.

ait été circoncis, & que par conféquent l'ufage de la circoncifion a dû paffer des Juifs aux Egygtiens & aux autres nations qui l'ont obfervée. Ils fuppofent que pendant le féjour des Ifraëlites en Egypte cet ufage a pu fe communiquer aux habitans du pays, & que les dix Tribus tranfplantées par Salmanafar ont pu l'introduire dans la Colchide, comme fi cette dangereufe & douloureufe cérémonie avoit quelque chofe de bien attrayant pour des peuples qui d'ailleurs n'embrasfoient point la religion des Juifs.

Mais les anciens qui n'avoient pas un profond refpect pour les livres des Juifs, aimoient mieux s'en rapporter au témoignage de leur propre hiftoire. Hérodote (30) nous dit pofitivement que les Ethiopiens, les habitans de la Colchide, les Phéniciens & les Syriens de la Paleftine, qui font les Juifs, avoient reçu la circoncifion des Egyptiens. Diodore de Sicile affuroit la même chofe, & même les plus habiles d'entre les Juifs, tels que Philon & Jofeph, ne conteftoient point aux Egyptiens d'être les auteurs de cet ufage (31): toute la différence

(30) Lib. 2.
(31) Bibliot. L. 1. Sect. 2. Philon L. *de circum-cifione*. Jofeph L. 2. contre Appion.

qu'on mettoit entre les Juifs & les autres peuples qui se faisoient circoncire,
c'est que ceux-là avoient fait de la circoncision le point fondamental & le plus
essentiel de leur religion, au lieu que les
autres la regardoient comme une cérémonie, religieuse à la vérité, mais à laquelle on n'attachoit point une idée si
haute & si sublime. En effet les Phéniciens l'abandonnerent après le commerce qu'ils eurent avec les Grecs, &
il paroît par Joseph qu'elle commençoit
à être assez négligée chez les Egyptiens.
Pour ce qui est de l'origine de cet usage, on ne doutoit point qu'une raison
purement naturelle n'eût donné lieu à
son établissement. Hérodote dit des E-
gyptiens qu'ils se faisoient circoncire à
cause de la propreté. Philon qui a fait
un livre exprès sur cette matiere en donne quatre raisons sensées, mais qu'on ne
peut rapporter qu'en s'exprimant après
lui d'une maniere un peu physique.
Les voici.

1°. Pour remédier aux inflammations
que cause le prépuce quand il est trop
étroit.

2°. Pour éviter la malpropreté cau-
sée par les ordures qui s'amassent ordinairement entre le prépuce & le gland.

3°. Pour que la femence puiffe entrer en ligne droite dans la matrice.

4°. La quatrieme eft une raifon myfti-que dont les Peres de l'Eglife & les Docteurs allégoriftes n'ont pas manqué de fe fervir depuis. C'eft la circonci-fion du cœur dont l'autre circoncifion n'étoit que le fimbole & la figure.

Les Egyptiens & les Ethiopiens nais-foient apparemment autrefois avec les mêmes inconvéniens naturels, auxquels bien des hommes font encore fujets au-jourd'hui, fur-tout dans ces pays-là. Il y a même plufieurs endroits de l'Afrique où on eft obligé par de pareilles raifons de circoncire jufqu'aux femmes. Ainfi la circoncifion étoit regardée comme une chofe qui n'ayant été dans fon ori-gine qu'une fimple opération deftinée à remédier aux défauts naturels des hom-mes étoit devenue dans la fuite une cé-rémonie de religion à laquelle on avoit affujetti ceux-mêmes qui naturellement n'en auroient eu aucun befoin. L'anti-quité eft pleine de femblables apothéo-fes.

Quoique la circoncifion, l'obferva-tion fuperftitieufe du Sabbath, les jeûnes & les triftes cérémonies des Juifs leur attiraſſent bien des railleries, rien ne les faiſoit plus généralement mépriſer que leur extraordinaire crédulité. Il étoit à la vérité fait mention de miracles & de prodiges dans les hiſtoires des payens; mais ces miracles & ces prodiges n'étoient ni en ſi grand nombre, ni ſi ſurprenans que ceux dont on voyoit les livres des Juifs remplis. D'ailleurs il n'y avoit pas un ſeul homme raiſonnable parmi les payens qui ne ſe moquât de ces prétendus miracles, au lieu qu'on remarquoit dans toute la nation Juive une foi aveugle pour ce qu'on appelle les divines écritures, livres que les gens ſenſés regardent avec raiſon comme le produit du fanatiſme & de l'impoſture, & qu'on ne peut reſpecter ni croire que par cet entêtement ridicule qui porte à ſoutenir comme vrais les contes les plus puériles & les choſes les plus abſurdes. C'eſt auſſi ce qui a fait garder à Joſeph ce ménagement qu'on remarque dans ſon hiſtoire; de peur d'ennuyer & de rebuter ſes lecteurs par le récit d'une multitude de miracles qui ne peuvent que paroître auſſi inutiles qu'invraiſemblables à ceux qui veulent faire uſage de leur raiſon; il leur laiſſe toujours la li-

berté d'en croire ce qui leur plaira, &
même lorsqu'il (32) parle du paſſage de
la mer-rouge, qui eſt le plus éclatant
des prodiges de l'ancien Teſtament, il
ajoute qu'il ne faut pas être ſurpris de
cette merveille puiſque la même choſe
eſt arrivée depuis aux Macédoniens lorsqu'ils paſſerent la mer de Pamphilie ſous
la conduite d'Alexandre. Joſeph avoit
raiſon d'en uſer ainſi, ſon hiſtoire n'eût
pas été favorablement reçue ſans de pareils ménagemens. Cet auteur rappor-
toit tant de marques de la ſotte crédulité des Juifs de ſon tems, qu'il eût été
mal fondé à exiger une foi pleine & entiere ſur les choſes qu'il aſſuroit être arrivées à leurs ancêtres.

Il ne faut pas oublier que les anciens
qui avoient pour les Juifs un extrême mépris, ne confondoient pourtant
point leur légiſlateur avec eux. Ils ont
ordinairement parlé de Moyſe en termes
aſſez favorables. Strabon livre 16. le
compare à ces hommes ſages & éclairés
qui ſont nés pour apprendre aux autres
à vivre conformément à la juſtice & à
la raiſon. Tacite nous le repréſente comme un homme d'eſprit qui ſavoit adroi-
tement profiter des occaſions que le ha-

(32) Antiq. Judaïq. Lib. 2. Cap. 7.

B 3

zard lui offroit pour parvenir à ses fins.
„ Les Juifs, dit-il, (33) souffrant beau-
„ coup dans le désert par la disette
„ d'eau, il arriva qu'un troupeau d'ânes
„ sauvages qui venoient de paître se re-
„ tira vers un rocher ombragé de feuil-
„ lages, ce que Moyse voyant, & con-
„ jecturant par l'herbe qu'il remarquoit
„ en cet endroit qu'il pouvoit bien y
„ avoir des sources, il y fit creuser &
„ ne manqua pas d'y en trouver."

Diodore de Sicile (34) met Moyse au
rang de ces illustres législateurs qui se
sont habilement servis de la politique
pour faire recevoir leurs institutions avec
plus de respect. Après avoir fait une
énumération de plusieurs de ces législateurs habiles qui ont attribué à des Dieux
les loix qu'ils avoient eux-mêmes com-
posées ; Moyse, ajoute-t-il, fit de même accroire aux Juifs que le Dieu Jao
étoit auteur de celles qu'il leur donna.

C'est ainsi que ces historiens célebres
parloient de ce merveilleux frappement

---

(33) Sed nihil æquè quàm inopia aquæ fatiga-
bat. Jamque haud procul exitio, totis campis pro-
cubuerant: cum grex asinorum agrestium, è pastu
in rupem nemore opacam concessit. Secutus Moses, conjectura herbidi soli largas aquarum venas
aperit. Tacit. Hist. Lib. 5. Cap. 3.
(34) Liv. 1. Sect. 2.

du rocher. Voilà l'idée qu'ils avoient de ce décalogue dont l'arche qui le contenoit portoit par-tout la terreur & la mort, & dont la vue n'étoit permise qu'au seul Grand-Prêtre, & une seule fois l'année. L'habileté du législateur Juif & la stupidité du peuple à qui il avoit affaire, furent la seule merveille qui attira leur attention.

Ceux qui ont regardé jusqu'à présent les Juifs comme une nation inconnue qui habitoit un coin de la terre, ne pourront sans doute accorder cette idée avec le mépris général qu'avoient pour eux des peuples fort éloignés de leur pays. C'est pourquoi il est bon de faire remarquer que cette nation qu'on regarde mal à propos comme obscure, étoit répandue & connue presque par tout le monde.

Il est vrai que les Juifs habitoient un pays écarté & même mauvais, malgré les éloges qu'ils lui ont donné, & qu'on faisoit trop peu de cas d'eux pour venir exprès en Judée s'informer de leurs usages & de leur religion: mais ils avoient remédié à cela, & en sortant eux-mêmes de leur propre pays pour se répandre chez les autres nations, ils ne s'étoient que trop fait connoître puisqu'ils s'é-

toient en même tems attiré ce mépris général dans lequel ils ne seroient point
tombés s'ils étoient restés chez eux ; sans
compter que les révolutions arrivées dans
leur république les avoient depuis plusieurs siecles dispersés dans tout l'O-
rient.

Lorsqu'Alexandre fonda la fameuse ville à laquelle il donna son nom, les Juifs
s'y établirent en grand nombre & ce
Prince leur accorda le droit de Bour-
geoisie comme aux autres habitans. Le
fondateur d'Antioche en usa à leur égard
de la même maniere. Les Ptolomées les
protégerent en Egypte où Philometor
leur permit de bâtir un temple à l'imitation de celui de Jérusalem.

Le desir du gain auquel cette nation
n'a jamais été indifférente, les avoit at-
tirés dans toutes les villes maritimes de
Phénicie, d'où ensuite ils passerent en
Grece & en Italie. Outre cela les Juifs
étoient depuis long-tems animés du desir
de faire des Prosélytes, & ce zêle les ex-
citoit à répandre chez tous les peuples
leurs dogmes & leur religion. Ce qu'il
y a de certain, c'est que plus de deux
cens ans avant Jésus-Christ, le nombre
des Grecs qui avoient embrassé la religion Juive étoit déjà si considérable,

qu'il fallut faire en leur faveur cette tra-duction célebre de l'Ecriture qu'on ap-pelle vulgairement la traduction des Septante.

Il y a vingt endroits dans Joseph qui nous confirment ce zêle des Juifs pour la propagation de leur culte, & le repro-che que Jésus-Christ (35) fait aux Phari-siens ne permet pas d'en douter : *vous parcourez*, leur dit - il, *la terre & la mer pour faire un Profélyte*. Par là cette na-tion s'étoit si fort multipliée que dans les villes célebres comme Rome, Alexan-drie, Antioche, les Juifs seuls faisoient une partie très-considérable des habitans, & cela faisoit qu'à la fête de Pâques & dans d'autres fêtes solemnelles on voyoit dans Jérusalem des hommes de tout pays qui portoient également le nom de Juifs quoiqu'ils ne le fussent point d'origine mais seulement de religion.

Il ne paroît pas au reste que les Juifs ayent eu anciennement, pour divulguer leurs mysteres, le même zèle dont ils fu-rent dans la suite si animés; du moins la réponse qui fut faite à Ptolomée Phila-delphe semble indiquer le contraire. Ce Prince, après avoir fait traduire le Pen-

(35) Circuitis mare & aridam ut faciatis unum profelitum. Math. Ch. 23. verfet 16.

tateuque, trouvant, au rapport de Jofeph, (36) les loix de Moyfe belles &
fenfées, ne put s'empêcher de dire qu'il
étoit furpris comment de fi belles loix
étoient en même tems fi inconnues, fans
que perfonne en eût fait la moindre mention ; à quoi on lui répondit que ces loix
étant toutes divines il n'avoit jamais été
permis à perfonne d'en parler impuné-
ment : que Théopompe ayant entrepris
d'en inférer quelque chofe dans fon hiftoire, il avoit perdu le jugement par
une punition divine ; & que la raifon ne
lui étoit revenue qu'après avoir effacé
ce qu'il en avoit écrit : que le Poëte
Théodecte en ayant parlé dans fes tra-
gédies étoit devenu aveugle & qu'il n'a-
voit recouvré la vue qu'après avoir de
même réparé fa faute. Ces petits contes que Jofeph rapporte fort férieufement étoient apparemment tirés de l'ancien livre d'Ariftée, qui contenoit le récit merveilleux de ce qui s'étoit paffé
au fujet de la traduction des livres de
Moyfe que Ptolomée Philadelphe fit faire. On lifoit dans ce livre que le Roi
d'Egypte ayant demandé au Grand-Prêtre Eléazar des traducteurs également habiles dans la langue Grecque, & dans

(36) Antiq. Judaïq. Liv. 12. Cap. 2.

l'Hébraïque, ce Pontife lui envoya six hommes de chaque Tribu qui faisoient en tout le nombre de soixante-douze interpretes, que les 72. Sçavans furent enfermés séparément chacun dans une espece de cellule, que là ils traduisirent d'une maniere uniforme & mot pour mot les livres de Moyse & qu'ils furent précisément 72. jours à perfectionner leur ouvrage.

On regarde aujourd'hui cette historiette comme une fable; cependant elle étoit reçue des Juifs & des premiers Chrétiens comme une vérité constante, & St. Justin (37) entre autres nous assure bien naïvement qu'il a vû lui-même dans l'Isle de Pharos les cellules où ces 72. traducteurs furent enfermés pour achever leur divine entreprise.

Mais pour en revenir à cet esprit de prosélitisme qui s'étoit emparé des Juifs, on ne sait s'ils suivoient en cela le penchant naturel qu'ont tous les hommes pour attirer les autres à leurs opinions, ou si les Egyptiens dont ils prenoient volontiers les manieres & les coutumes, ne leur avoient point inspiré ce même esprit qui régnoit parmi eux. Il est au moins constant que ceux-ci avoient un

(37) Dans son exhortation aux Grecs.

zéle tout particulier pour établir par-tout le culte d'Ifis & de Sérapis, & que ces deux Divinités avoient déjà des temples à Rome avant que les Juifs y fuffent connus; cela paroît par l'action de Lucius (38) Emilius Paulus qui après un arrêt du Sénat qui ordonnoit qu'on abbatît les temples, prit lui-même une hache & donna les premiers coups afin d'encourager les ouvriers qu'une crainte fuperftitieufe arrêtoit.

Quoique Augufte (39) eût défendu l'exercice de la Religion Egyptienne dans Rome, il fallut, fort peu de tems après, qu'Agrippa qui commandoit dans la ville en fon abfence fît une nouvelle ordonnance pour empêcher qu'elle ne s'y introduisît. Tacite (40) Suétone (41) & les autres hiftoriens qui parlent des fréquens arrêts du Sénat qui baniffoient de Rome le culte & les cérémonies des Juifs,

(38) Lucius Æmilius Paulus conful, cùm Senatus Ifidis & Serapis fana diruenda cenfuiffet, eaque nemo opificum attingere auderet, pofita prætexta fecurim arripuit, templique ejus foribus inflixit. Valer. Maxim. Lib. 1. Cap. 4. n°. 3.

(39) *Voyez* Dion. Caffius L. 54.

(40) *Voyez* le paffage de cet hiftorien cité note 16.

(41) Ægyptiacas, & Judaïcas Ceremonias contempfit. Suet. in Auguft. Cap. — Ægyptiacos Judaïcofque ritus compefcuit. Idem. in Tiberio.

mettent toujours les cérémonies Egyptiennes avant celles-ci; les obfervateurs des uns & des autres avoient encore plus de zêle pour les introduire & les répandre que leurs ennemis n'en avoient pour s'y oppofer & pour les bannir.

Etat de la Judée au tems de Jéfus-Chrift & depuis jufqu'à la ruine de Jérufalem.

LORSQUE Jéfus-Chrift vint aumonde il y avoit déjà longtems que le fceptre étoit forti de la maifon de David. Depuis la ruine de Jérufalem & de fon temple par Nabuchodonofor il n'y eut plus de Rois de cette maifon, il n'y en eut même point en Judée pendant plus de 450. ans, c'eft-à-dire depuis la transmigration des Juifs à Babylone jufqu'au tems des Asmonéens.

Judas Machabée de la tribu de Lévi ayant délivré fes freres de la dure captivité fous laquelle les Rois de Syrie les tenoient opprimés, mérita par fon courage d'être reconnu Souverain-Sacrificateur & chef en même tems de toute la nation Juive. Ses fucceffeurs joignirent la dignité Royale à celle de Sacrificateur, & la race des Asmonéens régna 126. ans avec assez d'éclat & de prospérité. Sous les derniers Rois de cette race les Juifs commencerent à sentir le poids des fers qu'ils devoient bientôt porter pour toujours. Pompée prit Jérusalem, & sans craindre le sort dont l'Ecriture menace les profanes, il entra dans le sanctuaire & voulut être témoin des mysteres les plus secrets du culte Judaïque ; le tems n'étoit plus où une mort prompte & terrible eût été d'abord le prix d'une si téméraire curiosité. Aristobule qui régnoit alors sur les Juifs fut emmené prisonnier à Rome, & Hircan, frere d'Aristobule & rival de son autorité, fut laissé dans Jérusalem où il exerçoit la Grande-Sacrificature.

Depuis cette conquête de Pompée on peut dire que les Romains se regarderent comme les Souverains du Pays. Car quoique Alexandre & Antigone soient remontés successivement sur le trône d'Aristobule leur pere, ils furent traités l'un & l'autre de rebelles par le Sénat & même punis comme tels après avoir été vaincus. Hérode & ses descendans ne régnerent ensuite en Judée que du consentement & sous la dépendance des Romains qui s'étoient rendus les dispensateurs des couronnes dans tous les Pays qu'ils avoient foumis à leur Empire.

Ce fut fous le régne d'Ariftobule & fous le gouvernement de fon frere qu'Antipater pere d'Hérode jetta les fondemens de cette grandeur où fa maifon parvint après fa mort. Le Général Iduméen attaché aux intérêts d'Hircan avoit fi bien fçu ménager l'amitié des Romains que fon fils n'eut pas beaucoup de peine à fe faire déclarer Roi de la Judée par ces conquérans au préjudice des Princes qui reftoient de la race des Asmonéens.

L'hiftoire d'Hérode eft connue ; on fçait que cet ufurpateur habile ayant gagné tour à tour les bonnes graces d'Antoine & celles d'Augufte, devint un Roi illuftre & puiffant. Ses malheurs domeftiques l'ont rendu célebre auffi bien que la gloire de fon régne. Perfonne n'ignore que ce Prince qui joignoit de grands défauts à de grandes qualités, a réuni en fa perfonne tout ce qui peut exciter l'envie & la compaffion. Hérode fournira éternellement l'exemple d'un Roi glorieux & d'un homme très-infortuné.

Les Evangéliftes St. Mathieu & St. Marc font naître Jéfus-Chrift fur la fin du régne d'Hérode, quoique St. Luc semble reculer sa naiſſance de dix ans plus tard ; c'eſt ce que nous examinerons plus bas. Hérode régna 73. ans & par ſon teſtament il laiſſa ſous le bon plaiſir d'Auguſte le trône de Judée à Archelaüs l'un de ſes fils. Ses autres enfans eurent des partages moins conſidérables dans les pays qu'il avoit poſſédés. La Galilée échut à Hérode Antipas. Philippe eut la Traconite & l'Auranite. Auguſte confirma le teſtament d'Hérode en retranchant néanmoins la portion d'Archelaüs à qui il ne voulut accorder que le titre d'Ethnarque & non celui de Roi.

Dix ans après, Archelaüs ayant été accuſé par ſes propres ſujets devant l'Empereur Auguſte qui le crut coupable, le priva de ſes Etats & le relégua à Vienne dans les Gaules. Les Juifs devinrent alors ſujets immédiats de Rome, la Judée devint une Province dépendante du Souverain de Syrie, mais qui néanmoins avoit ſes Gouverneurs particuliers, & Ponce Pilate qui fit crucifier Jéſus-Chriſt eſt, au rapport de Joſeph, le cinquieme de ces Gouverneurs Romains qu'eut la Judée depuis ſa réunion à l'Empire.

Après

Après la mort de Tibere, Caligula étant monté sur le Trône Impérial, ce Prince qui affectionnoit Agrippa petit-fils d'Hérode le Grand, lui donna les Etats qu'avoient possédés ses deux oncles Antipas & Philippe, avec le titre de Roi. Claudius ayant succedé à Caligula ajouta la Judée au Royaume d'Agrippa. Ainsi Jérusalem se vit encore sous la domination d'un Roi. Mais cette nouvelle forme de Gouvernement ne dura que trois ans, car Agrippa étant mort au bout de ce tems-là, l'Empereur envoya un Gouverneur en Judée comme auparavant. A ce Gouverneur en succéderent six autres de suite dont Gessius Florus fut le dernier. C'est sous lui que les Juifs entreprirent de secouer le joug de la domination Romaine, & cette révolte qui arriva trente-huit ans après la mort de Jésus-Christ fut suivie comme on sçait de la désolation entiere de leur pays, de l'incendie du temple & de la ruine de Jérusalem.

Dès le commencement que la Judée fut réunie à l'Empire Romain, les Juifs avoient donné des marques de l'impatience avec laquelle ils souffroient une domination étrangere.

Le premier acte de souveraineté que

C

fit Augufte dans cette Province fut d'ordonner un dénombrement de tous les biens des particuliers. Ce fut à l'occafion de ce dénombrement que deux féditieux entreprirent de former une nouvelle fecte qui avoit pour principe fondamental de ne reconnoître que Dieu feul pour Maître. Judas Galiléen fut l'inftituteur de cette fecte, en quoi il fut aidé par un Pharifien nommé Sadoc.

Ces deux hommes entraînerent un grand nombre de Juifs après eux, & leur parti qui fubfifta longtems depuis, commença alors à fe rendre redoutable & aux Romains & aux Juifs pacifiques, qui prévoyoient les maux que la révolte attireroit fur leur nation. Jofeph regarde l'inftitution de cette fecte fanatique comme la fource de tous les malheurs dont fon pays a été affligé.

Depuis le régne d'Augufte jufqu'à celui de Néron les Sectateurs de Judas fans fe révolter ouvertement fe contenterent d'infpirer l'efprit de révolte par leurs maximes, & ils y réuffirent fi bien que la Judée fe trouva remplie d'un prodigieux nombre de factieux, à qui il ne manquoit que l'occafion pour faire connoître l'efprit qui les animoit. Geffius

Florus homme violent & avide leur fournit cette occasion. Les Juifs féditieux
exciterent leurs compatriotes à ne plus
souffrir les violences & les injustices de
ce Gouverneur. La révolte préparée de
longue main éclata tout d'un coup.
Florus & la garnison Romaine se virent
assiégés par la multitude, & il fallut que
Cestius Gouverneur de Syrie vînt les
dégager avec une armée. Cependant
tout le pays s'étant généralement soule-
vé, & Cestius ne se jugeant point assez
fort pour réduire les rebelles, prit le
parti de s'en retourner emmenant avec
lui le Gouverneur & la garnison de Jérusalem qu'il venoit de délivrer.

Quelque tems après, l'Empereur Néron nomma Vespasien pour chef de l'armée qui devoit ranger les Juifs à leur
devoir. Le nouveau Général étant entré en Judée avec des forces confidérables se rendit maître d'un grand nombre de places, entre autres, de Jota-
pat où Joseph l'Historien qui étoit un
des Généraux des Juifs fut fait prisonnier. Mais Vespasien ne termina point
cette guerre, car après la mort de Néron & celle de Galba, son armée l'ayant
déclaré Empereur, il jugea à propos de
s'approcher de l'Italie & laissa le com-

mandement de ſes troupes & la conduí-
te de la guerre à Titus ſon fils. C'eſt
ce Prince qui après un ſiége long & opiniâtre ſe rendit maître de Jéruſalem qui
fut ruinée de fond en comble & le temple réduit en cendres.

Joſeph témoin oculaire de cet événement dont il a écrit l'hiſtoire avec une
parfaite exactitude, en donne pluſieurs
raiſons: celle qu'il répete le plus ſouvent & qui eſt en effet la plus naturelle,
c'eſt la diviſion qui étoit alors entre les
Juifs, & le mauvais ordre qu'on mettoit à tout. Il y avoit trois différens
partis dans Jéruſalem, compoſés d'hommes plus ſcélérats les uns que les autres, & ces partis différens ſongeoient
plus à s'entre-détruire qu'à ſe défendre
contre l'ennemi commun. Les cruautés & les crimes que commettoient ces
factieux, étoient ſi horribles que (42)
Joſeph donne la vengeance divine pour
une ſeconde raiſon de la ruine de Jéruſalem. Mais l'Hiſtorien oublie en cet
endroit que le nombre de ces ſcélérats
qu'il falloit punir, ne montoit pas à trente mille hommes, au lieu que le peuple
innocent qui périt avec eux montoit à
(42) De bello Judaïco. Lib. 6. Cap. 16.

plus d'un million d'ames.   Enfin Joseph allegue (43) une troisieme raison tirée de la Théologie Judaïque de son tems. ,, Les Juifs, dit-il, après la prise de la ,, forteresse Antonia réduisirent le tem- ,, ple à un quarré, quoiqu'ils ne pussent ,, ignorer qu'il est écrit dans les livres ,, saints que la ville & le temple seroient ,, pris lorsque cela arriveroit.

On ne sçait de quel endroit de l'Ecriture l'Historien Juif veut ici parler. Mais comme l'esprit allégorique peut fournir une multitude de sens différens sur un même texte, & que l'imagination des Allégoristes échauffée par un événement qui les regarde, a d'ordinaire une activité qui manque à ceux que le même événement n'intéresse plus, il n'est pas étonnant que les Juifs découvrissent alors le sens d'une Prophétie qui est aujourd'hui rentrée dans sa premiere obscurité.

Il en est de même de ce que Joseph (44) ajoute immédiatement après, lorsqu'il dit que ce qui excita le plus les Juifs à la révolte, fut l'ambiguité d'un passage de l'Ecriture qui portoit

(43) Ibid. Lib. 6. Cap. 31.
(44) Ibid.

que dans ce tems-là il sortiroit un homme de leur contrée pour commander à toute la terre.

Les Juifs qui gémissoient alors sous le joug des Romains, souhaitoient ardemment que Dieu leur suscitât un libérateur semblable à Judas Machabée. De ce desir ils étoient passés à l'espérance, & l'imagination vive de quelques-uns avoit changé ce desir & cette espérance en persuasion & en certitude de voir arriver ce libérateur, par l'interprétation qu'elle leur fit donner aux paroles obscures de quelque prophétie. Les Chrétiens qui font l'application de ce passage ambigu à Jésus-Christ, soutiennent que la prophétie étoit accomplie il y avoit déjà bien des années. Joseph, à qui le Christianisme étoit inconnu, auroit sans doute trouvé l'allégorie Chrétienne encore plus forcée que l'interprétation Judaïque, puisque selon cet Historien la prédiction regardoit un homme qui devoit être réellement maître du monde, & qui devoit l'être précisément en ce tems-là, & cet homme selon lui étoit Vespasien qui fut appellé à l'Empire comme il étoit en Judée. Les Juifs, ajoute Joseph, revinrent enfin de leur erreur mais trop tard, & ils

n'en furent convaincus que par leur entiere ruine.

Un grand nombre de signes & de prognostics annoncerent selon Joseph la destruction de Jérusalem ; il parut une comete, une vache mit au monde un agneau, les portes du temple s'ouvrirent d'elles-mêmes, on entendit dans le lieu saint une voix qui disoit *sortons d'ici :* on vit des armées en l'air &c.

Les anciennes histoires & sur-tout celle de Tite-Live font pleines de semblables prodiges. Mais le correctif qui les accompagne toujours dans Tite-Live & dans les autres Historiens judicieux, ne se trouve pas dans l'histoire Juive. Joseph, d'ailleurs Ecrivain sensé, ne dégénere point du caractere Judaïque sur le fait de la crédulité. Comme Historien il rapporte ce merveilleux, il le croit comme Juif, mais en homme équitable il n'assujettit point ses lecteurs à son goût & il les dispense volontiers d'être aussi crédules que lui.

Le plus étonnant de ces prodiges qui, au rapport de Joseph (45) précéderent la ruine de Jérusalem, est la prédiction constatée & soutenue d'un certain paysan nommé Jésus. Quatre ans avant la

(45) Ibid.

C 4

commencement de la guerre, cet homme étant venu dans le temple à la fête des Tabernacles, s'écria d'un ton d'enthousiaste : *voix du côté de l'orient, voix du côté de l'occident, voix du côté des quatre vents, voix contre Jérusalem & contre le temple, voix contre tout le peuple :* Et il ne ceſſoit nuit & jour de courir par toute la ville en répétant les mêmes paroles. On arrêta ce Prophête ſiniſtre & on le conduiſit au Gouverneur Albinus qui le regardant d'abord comme un ſéditieux le fit rudement foüetter. Jéſus endura les coups ſans répandre une ſeule larme & ſans diſcontinuer d'annoncer ces malheurs. Le Gouverneur enſuite lui ayant demandé qui il étoit & ce qui le faiſoit penſer de la ſorte, le Prophête taciturne ne répondit pas un ſeul mot; ce qui fit qu'Albinus le renvoya comme un fou. Jéſus reſta quatre ans ſans parler à perſonne, ſans remercier ceux qui lui donnoient à manger & ſans ſe plaindre de ceux qui le maltraitoient, mais continuant toujours de prophétiſer ſur le même ton.

„ Lorſque Jéruſalem fut aſſiégée, dit
„ Joſeph, on vit l'effet de ſes prédic-
„ tions, car faiſant alors le tour des rem-
„ parts, & criant à ſon ordinaire : mal-

„ heur fur la ville , malheur fur le tem-
„ ple , malheur fur le peuple , il ajou-
„ ta , & malheur fur moi-même; auffi-
„ tôt une pierre lancée par des machi-
„ nes des affiégeans le renverfa par ter-
„ re , & il rendit l'efprit en proférant
„ les mêmes mots."

Quelques critiques prétendent que Jofeph confond ici la prédiction de Jéfus-
Chrift qu'il attribue mal à propos à un
autre. On remarque en effet affez de
conformité entre Jéfus-Chrift & ce Prophête payfan. Même nom , même condition , même prédiction; l'un & l'autre traités d'abord de féditieux , enfuite
regardés comme des fous à caufe de leur
filence à l'interrogatoire , & l'un &
l'autre périrent d'une maniere tragi-
que.

A la vérité le tems ni le genre de
leur mort ne fe rapportent point; mais,
difent ces critiques , les hiftoires que le
peuple débite font fujettes à des altéra-
tions bien plus confidérables, l'anachro-
nifme & les autres variations s'y rencontrent prefque toujours , & pourvu
que le merveilleux, qui fait l'effentiel
d'un conte , fubfifte , les circonftances
hiftoriques font les chofes auxquelles les
peuples font le moins d'attention. Or,

Joseph qui étoit à Rome quatre ans avant la guerre & qui n'étoit point dans Jérusalem lorsque la ville fut assiégée, ne sçauroit parler de la prédiction du paysan comme en ayant été témoin, mais seulement comme d'un ouï-dire & comme d'une chose qu'il n'a pu apprendre que par le récit des Juifs qui survécurent à la désolation de leur ville.

Mais la conjecture de quelques incrédules est bien plus hardie : il se peut faire, disent-ils, qu'un paysan mélancolique nommé *Jésus* ait annoncé les malheurs de Jérusalem quelque tems avant la ruine de cette ville : la révolte étant alors sur le point d'éclater, les moins clairvoyans d'entre les Juifs pouvoient presqu'à coup sûr faire une pareille prédiction. Les autres circonstances extraordinaires qui regardent ce paysan auront été imaginées par le peuple dont l'esprit aime naturellement à se repaître de merveilleux. Et il est encore très-possible, continue-t-on, que les Chrétiens ayent dans la suite fait honneur à Jésus-Christ de la prédiction de ce Prophête ; la conformité du nom aura servi à établir cette opinion ; car enfin, ajoutent les incrédules, peut-on concevoir qu'une prédiction auffi formelle que celle de Jéfus-Chrift fur la ruine de Jérufalem ait été abfolument ignorée de Jofeph? Il ne devoit être mention alors que de cette prophétie; les difciples des Apôtres étoient dans la Judée en grand nombre, plufieurs mêmes de ceux qui avoient vu Jéfus-Chrift vivoient encore. Se peut-il faire qu'après la défolation de la ville & l'incendie du temple les témoignages autentiques que les Chrétiens rendirent à la prophétie de leur maître ne foit point parvenue jufqu'à Jofeph? Cet Hiftorien, dont l'exactitude va jufqu'à rapporter les moindres prodiges, auroit-il omis une prédiction rendue 40. ans auparavant par un homme merveilleux dont la vie étoit un tiffu de prodiges? Jofeph ne l'ayant point fait, les incrédules fe croient en droit de conclure qu'il ne fut fait alors aucune mention de la prophétie de Jéfus-Chrift, & que par conféquent cette prophétie peut être foupçonnée d'avoir été faite après l'événement.

La critique leur fournit une autre conjecture à propos du même fait; dans les reproches que Jéfus-Chrift fait aux Pharifiens il dit, que Dieu demandera compte aux Juifs du fang innocent qui a été répandu depuis Abel jufqu'à Zacharie fils de Barachie qu'ils ont fait mourir entre le temple & l'autel : la plupart des commentateurs ne fachant quel eft ce Zacharie fils de Barachie, foutiennent que ce doit être apparemment le Grand-Prêtre Zacharie que Joas fit lapider à la porte du temple. Quelques-uns difent que ce Zacharie peut être le pere de St. Jean-Baptifte : ils ignorent à la vérité s'il étoit fils d'un Barachie, ils favent encore moins s'il fut tué par les Juifs & s'il le fut dans le temple: mais n'importe, la chofe peut être, & cela fuffit. Enfin quelques autres Commentateurs rejettent ces deux fentimens parce que l'un eft entiérement imaginé, & que l'autre leur paroît mal fondé. Le Grand-Prêtre Zacharie, difent-ils, étoit fils du Grand-Prêtre Joiada & nullement de Barachie. D'ailleurs les Juifs ont répandu le fang de bien des juftes depuis le meurtre de Zacharie qui a été commis plus de fix cens ans avant Jéfus-Chrift. Ainfi il n'y a aucune vraifemblance que ce foit ce Grand-Prêtre dont il ait voulu parler; il y a bien plus d'apparence, continuent-ils, que ce Zacharie eft celui que les Zélateurs firent mourir dans le tem-

ple au commencement du siége de Jérusalem.

Joseph dit (46) que Zacharie fils de
Barach étant un homme également illus-
tre par sa naissance, sa vertu & son mérite, les factieux qui craignoient son
crédit & son autorité résolurent de s'en
défaire, que pour cet effet après avoir
inutilement tenté de lui faire faire son
procès juridiquement ils le massacrerent
au milieu du temple sans aucune forme
de justice. On voit là un Zacharie dans
le temple, l'histoire nomme son pere
Barach; or Barach ou Barachie peuvent
passer pour le même nom, & Zacharie
est le dernier des justes dont le sang a
été répandu avant la ruine de Jérusalem, de même qu'Abel en est le premier. C'est donc lui, concluent ces
Commentateurs, dont Jésus-Christ a
voulu parler. Mais, ajoutent-ils, la
chose étant arrivée plusieurs années après
la mort de Jésus-Christ, il en a parlé
prophétiquement & comme d'un événement dont la certitude lui étoit connue.

Il faut avouer que la vraisemblance se
trouve bien davantage dans cette opinion que dans les autres, & c'est mal-

(46) De bello Judaïco Lib. 4. Cap. 19.

heureufement ce qui donne lieu à l'in-crédulité. Les incrédules qui n'admettent pas fi aifément des prophéties fi claires, font portés par là à penfer que les Evangiles qui nous reftent n'ont été écrits qu'après le meurtre de Zacharie fils de Barach & après le renverfement de l'Etat Judaïque.

Jérufalem refta comme enfévelie fous fes ruines pendant l'efpace de foixante ans ou environ. Au bout de ce tems-là l'Empereur Adrien ayant entrepris de la relever & de la nommer de fon nom *Ælia*, cette ville fut en effet rebâtie, mais d'une maniere qui répondoit peu à fon ancienne fplendeur. Le nom d'*Ælia* lui fut confervé jufqu'à l'Empire de Conftantin, elle reprit enfuite fon premier nom qu'elle conferve encore aujourd'hui.

Mais fi Adrien releva les murs de Jérufalem, on peut dire que ce Prince porta en même tems le dernier coup à la nation Juive en lui impofant la dure condition de n'habiter jamais dans une ville qui avoit toujours fait l'objet de fes vœux les plus ardens. Les reftes de cette nation malheureufe incapables de fe foumettre à une condition fi dure firent un dernier effort : ils fe fouleverent fous la conduite d'un impofteur, & cette derniere révolte eft l'époque fatale de l'anéantiffement de la République Judaïque. Ceux qui échapperent aux armes d'Adrien furent fans efpérance de retour réduits dans un éternel efclavage.

Les Juifs, bannis pour jamais de leur propre Pays & difperfés par toute la terre, cefferent alors d'être un peuple particulier. Affujettis à une domination & à des loix étrangeres, on ne les a depuis diftingués que par leur religion ; cette nation d'élite & fi chérie de Dieu a ceffé depuis ce tems-là d'être comptée parmi les nations.

L'Etat Judaïque étant anéanti, les Juifs ne furent plus occupés qu'à conferver leur religion avec le même zêle & la même opiniâtreté qu'ils avoient défendu leur liberté. On eft furpris que depuis 16. fiecles la religion Juive deftituée de fon temple & de fon ancien culte ait pu fe foutenir malgré le mépris & l'averfion qu'ont pour les Juifs tous les peuples au milieu defquels ils font obligés de vivre, & on eft porté à croire qu'il y a dans cet événement fingulier quelque chofe de furnaturel & de divin.

C'eſt une tradition dans l'Egliſe Chrétienne que les Juifs doivent reſter dans l'incrédulité juſqu'aux derniers tems, & qu'à la fin du monde ils reconnoîtront leur erreur & embraſſeront la foi en Jéſus-Chriſt. Mais ſans vouloir entrer dans les vues particulieres de la Providence, on peut donner de cet événement ſingulier pluſieurs raiſons ſimples & qui ſont néanmoins aſſez fortes pour le remettre dans l'ordre des choſes dont on veut peut-être trop légérement le tirer.

1°. Quoique les Juifs ſoient aujourd'hui dans la miſere, ils ſont aſſurés, & c'eſt un de leurs articles de foi de le croire, qu'ils en ſortiront bientôt. Le Meſſie qu'ils attendent de jour en jour doit les rendre le plus heureux & le plus puiſſant peuple de (†) la terre. Bien des ſiecles à la vérité ſe ſont déjà écoulés ſans qu'ils ayent vu l'effet de cette attente, mais ce qui auroit il y a long-tems déſabuſé des gens plus raiſonnables, ne produit point cela ſur les plus crédules & les plus entêtés de tous les hommes.

Voilà pourquoi on les voit toujours prêts

(†) *Voyez* Léon de Modene *Diſſertat.* &c. dans le premier Volume des *Cérémonies & coutumes des peuples* &c.

prêts à regarder le premier imposteur ou le premier fanatique, comme ce libérateur qui selon eux ne doit point tarder à venir. C'est ce qui les a fait se précipiter dans la mer par milliers, sur l'assurance qu'un fou qui se disoit le Messie (†) leur donna qu'il alloit la leur faire passer à pied sec. On sçait ce qui leur est arrivé de notre tems au sujet de Sabathaï de Lévi; & ceux qui seront curieux d'en apprendre davantage sur l'extraordinaire crédulité des Juifs pourront s'en instruire dans la savante histoire que M. Basnage a faite de cette nation.

2°. Tacite (47) a dit de Moyse que pour s'attacher pour jamais les Juifs, il avoit établi parmi eux des coutumes toutes différentes de celles des autres nations. Nous pouvons dire que ce qui a attaché les Juifs à Moyse, les a en même tems unis entre eux d'une maniere forte qui contribue extrêmement à la durée de leur société. La singularité des usages lie d'un nœud étroit ceux qui les observent & rend par là les usages

(†) *Voyez* Socrate Hist. Ecclef. Lib. 2.

(47) Moses quo sibi in posterum gentem firmaret, novos ritus contrariosque cæteris mortalibus indidit. Hist Lib. 5. Cap. 4. princip.

durables & permanens ; mais sur-tout celui qu'ont les Juifs de ne se point allier avec les étrangers, perpétue parmi eux la crédulité & y rend héréditaires l'opiniâtreté & l'attachement à leur religion.

3°. Le Christianisme & le Mahométisme étant des branches & des rejettons du Judaïsme, quoique les Juifs voyent ces deux religions florissantes & répandues presque par toute la terre, cela, bien loin de les ébranler, ne sert qu'à les affermir davantage dans la leur qu'ils regardent comme la tige & le tronc qui a produit ces deux autres. Les Chrétiens & les Mahométans ne sont selon eux que des hérétiques qui ont altéré & corrompu le Judaïsme. Les Juifs en voyant le Christianisme & le Mahométisme répandus par-tout, ne s'imaginent voir autre chose que leur propre Religion, que tous les hommes convaincus de la vérité, ont embrassée, & qu'ils observent eux seuls dans toute sa pureté, pendant que les autres l'alterent & la défigurent.

4°. Enfin l'aversion qu'on a pour les Juifs & les mauvais traitemens qu'on leur fait, sont beaucoup plus capables de les attacher fortement à leur Religion que de les porter à y renoncer. Ce que Tertullien disoit autrefois, que le sang des

martyrs (48) étoit une femence de Chrétiens, doit s'entendre généralement de
toutes les Sectes. La contrariété que
les hommes éprouvent ne fert qu'à leur
graver plus profondément dans le cœur
les opinions auxquelles on veut qu'ils
renoncent. La tranquillité au contraire
les fait prefque toujours tomber dans le
relâchement.

Les mêmes Juifs dont nous parlons doivent nous avoir convaincus de la vérité
de ce principe. Autrefois qu'ils étoient
dans l'abondance & la profpérité, ils
oublioient à chaque inftant le Dieu de
leurs Peres: depuis qu'ils ont été affujettis aux Grecs, aux Romains, & enfuite
aux autres Nations, leur zêle s'eft ré-
veillé, & non feulement on ne les a
point vu tomber dans l'idolâtrie, mais
même ils en font devenus plus exacts obfervateurs d'une Religion à laquelle ni la
haine ni le mépris de tous les hommes
ne les feront jamais renoncer.

(48) Sanguis martyrum femen chriftianorum.
Apologet.

Caractere, Sectes, & opinions des Juifs.

SI le peuple Juif étoit singulier dans ses usages & dans son culte, il se distinguoit encore davantage par son zêle extraordinaire pour le culte & pour les usages qui lui étoient particuliers. Il est naturel à tous les hommes d'avoir de l'attachement pour la Religion dans laquelle ils ont été élevés, & pour les opinions dont ils ont été imbus dès l'enfance. Mais aucun n'avoit porté cet attachement aussi loin que les Juifs le porterent au siecle de Jésus-Christ. Le caractere de ce peuple étoit alors bien différent sur cela de ce qu'il avoit été autrefois.

On ne peut sans étonnement comparer la légéreté des anciens Juifs avec le zêle & la fermeté de ces derniers; ce n'étoit plus cette nation foible & lâche prête à fléchir les genoux devant Baal à la premiere occasion; les promesses & les menaces, les supplices & la mort même, rien n'étoit plus capable d'ébranler leur confiance; l'adversité qui réveille ordinairement la ferveur des hommes, avoit

fans doute opéré ce miracle chez les Juifs.
Ce peuple malheureux fentant fa mifere
fe perfuada que le moyen le plus efficace
pour la faire ceffer étoit un retour fincere vers fon Dieu qu'il avoit oublié, &
un renouvellement de zêle pour fa Religion qu'il avoit négligée.

Mais le tems étoit arrivé où la nation
Juive devoit être effacée du nombre des
nations ; Dieu ne fut point touché de
fon zêle, & il ne refta aux Juifs que la
réputation qu'ils s'acquirent parmi les
autres peuples, d'être de tous les hommes les plus attachés à leur Religion. Ils
en donnerent des marques en mille occafions différentes où l'on vit les plus fcélérats comme les plus honnêtes gens de
cette nation témoigner un égal attachement pour leur culte & pour leurs opinions. Voici de quelle maniere Jofeph
parle des Efféniens qu'on peut regarder
comme les hommes les plus vertueux
qu'il y eût alors parmi les Juifs. ,, Les
,, Efféniens, dit-il, triomphent des tour-
,, mens par leur conftance; la guerre
,, que nous avons eue contre les Ro-
,, mains a fait voir en mille manieres
,, que leur courage eft invincible. Ils
,, ont fouffert le fer & le feu & vu bri-
,, fer tous leurs os plutôt que de vou-

,, loir dire la moindre parole contre leur
,, légiflateur, ni manger des viandes qui
,, leur font défendues, fans qu'au milieu
,, de tous les tourmens ils ayent jetté
,, une feule larme ni dit la moindre cho-
,, fe pour tâcher d'adoucir la cruauté de
,, leurs bourreaux ; au contraire, ils fe
,, moquoient d'eux & rendoient l'efprit
,, avec joye parce qu'ils efpéroient de
,, paffer de cette vie à une meilleure.''
Il ne faut pas croire que cet attachement
pour leurs dogmes & cette conftance
dans les tourmens fût particuliere aux
gens vertueux d'entre les Juifs, les plus
fcélérats n'en faifoient pas moins paroître dans les occafions. Il n'y a qu'à lire ce qui regarde le fiége de Jérufalem
pour en être convaincu. Ce grand nombre de factieux qui s'étoient rendus les
maîtres de la ville, tous ceux qui s'y é-
toient renfermés, les brigands qui poi-
gnardoient indifféremment qui bon leur
fembloit ; tous ces gens-là fe diftinguoient
également par leurs crimes & par leur
zèle pour leur Religion, & fi on leur
donnoit à jufte titre le nom de *Sicaires*
ou d'*Affaffins*, ils fe donnoient eux-mêmes le nom de *Zélés*, parce qu'en effet
ils avoient pour la confervation de leurs
dogmes & de leur liberté un zèle qui

alloit jufqu'à la fureur.

Ceux d'entre les fcélérats qui furvé-
curent à la ruine de Jérufalem firent
voir de quelle conftance & de quelle fermeté leur zêle les rendoit capables. Un
de leurs chefs affiégé dans un château &
prêt à y être forcé, exhorte fes com-
pagnons à s'entretuer après avoir auparavant égorgé leurs femmes & leurs enfans ; & il les affure que le facrifice de
leur vie fera très-agréable à Dieu, ce
que ces hommes furieux ne manquerent
pas d'exécuter, & il en périt ainfi neuf
cens foixante au rapport de Jofeph. Une
autre troupe de ces affaffins à-peu-près
auffi nombreufe ayant été furprife & livrée aux Romains, tous fans exception
aimerent mieux endurer les tourmens les
plus affreux que de donner à l'Empereur le nom de Maître. Les Romains
n'en vouloient point à la Religion des
Juifs, ils vouloient feulement les obliger
à fe reconnoître fujets de l'Empire ; mais
ces fanatiques s'étoient imaginés que le
peuple chéri de Dieu ne devoit reconnoître que Dieu feul pour maître ; ils
refufoient conftamment d'en donner le titre à un homme & ils regardoient ce
refus comme un des points effentiels de
leur Religion.

D 4

Les enfans même faisoient voir avec étonnement ce que peut sur les hommes la force de la prévention dans l'âge le plus foible & le plus tendre : ,, au mi- ,, lieu des tourmens les plus horribles, ,, dit Ioseph, on ne put jamais faire ré- ,, soudre aucun d'eux à donner à l'Em- ,, pereur le nom de maître ; tous de- ,, meurerent inflexibles dans la résolu- ,, tion de le refuser ; leurs ames paroif- ,, foient insensibles aux douleurs que ,, souffroient leurs corps , & ils sem- ,, bloient prendre plaisir à voir le fer les ,, mettre en pieces & le feu les consom- ,, mer ; mais dans cet horrible spedta- ,, cle rien ne parut plus merveilleux que ,, l'opiniâtreté incroyable des jeunes en- ,, fans, tant la forte impression que les ,, maximes furieuses de cette Secte a- ,, voient faite dans leur esprit les élevoit ,, au-dessus de la foiblesse de leur âge''. Cette constance dans les tourmens qui venoit d'un zêle de Religion avoit fait croire à Tacite (49) que les Juifs n'ad- mettoient d'immortalité que pour ceux qui mouroient dans les combats où ils s'exposoient pour la défense de leur foi,

____

(49) Animasque prælio aut suppliciis perempto- rum æternas putant. Hinc generandi amor & moriendi contemptus. Hist. Lib. 5. cap. 5.

& pour ceux qui périſſoient dans les ſupplices qu'on leur faiſoit ſouffrir pour la même cauſe ; cependant à la réſerve des Saducéens qui étoient en petit nombre tous les Juifs croyoient l'ame immortelle, de quelque maniere qu'elle quittât le corps. Mais cet endroit de Tacite fait ſentir avec quelle ardeur ils prodiguoient leur vie & dans les combats & dans les ſupplices, lorſqu'il étoit queſtion de défendre une Religion pour laquelle ils avoient alors un zêle tout particulier.

La Religion des Juifs étant fondée uniquement ſur le merveilleux, leurs loix étant toutes divines, leurs hiſtoires remplies d'un bout à l'autre de prodiges & d'événemens miraculeux, on jugera aiſément que des hommes élevés dans de pareils principes ont dû avoir dans tous les tems un penchant très-fort pour les miracles & pour les prodiges, mais que cette crédulité & ce penchant ont dû naturellement augmenter encore lorſque les Juifs brûlant de zêle pour la Religion de leurs Peres, ne furent plus occupés que de la conduite ſurnaturelle de Dieu à l'égard de ſon peuple chéri. Leur imagination ſe trouvant également échauffée par une foi vive ſur les anciens prodiges, & par l'eſpérance qu'ils avoient

conçue d'en voir inceſſamment éclater.
de nouveaux en leur faveur, l'amour du
merveilleux dans toute ſa force dut s'em-
parer de leur eſprit.

C'eſt en effet ce qui arriva alors aux
Juifs. Ce peuple privilégié dédaignant
les voies ordinaires & naturelles dont
Dieu ſe ſervoit pour la conduite des autres nations, s'étoit toujours imaginé
que les miracles & les prodiges étoient.
réſervés pour lui : mais on peut dire que
les Juifs furent alors attaqués d'un redou-
blement d'amour pour le merveilleux,
qui rendit ce peuple crédule la dupe
continuelle du fanatiſme ou de l'impoſture.

Tantôt c'étoit un fourbe qui condui-
ſoit tous les habitans de Samarie ſur la
montagne de Garizim ſous prétexte de
leur découvrir des choſes ſacrées que
Moyſe y avoit autrefois cachées. Tantôt c'étoit un viſionnaire qui perſuadoit
aux Juifs de le ſuivre juſqu'au bord du
Jourdain, en aſſurant que d'une ſeule
parole il arrêteroit le cours de ce fleuve,
enſorte qu'ils pourroient le paſſer à pied
ſec.

Quelquefois un autre trouvoit le ſecret
de ſe faire ſuivre ſur la montagne des O-
lives par 30. mille perſonnes, en leur fai-

fant accroire que dès qu'il auroit prononcé quelques mots ils verroient tomber d'elles-mêmes les murailles de Jérufalem.

L'Hiftoire de Jofeph parle fouvent (50) de ces fourbes & de ces vifionnaires qui féduifoient alors les Juifs. Cet Hiftorien (51) y rend en même tems un témoignage bien formel de la crédulité de fa nation. Un impofteur ou un fanatique ne s'étoit pas plutôt donné pour un homme à prodiges que les Juifs le fuivoient & s'attachoient à lui par milliers avec une ftupidité inconcevable. La multitude imbécille fe laiffoit conduire dans les déferts afin d'y être témoin des miracles & des chofes extraordinaires qu'on promettoit de lui faire voir. Enfin quoique la plupart de ces faifeurs de prodiges échouaffent dans leurs entreprifes & que leur fin fût ordinairement malheureufe, les Juifs ne fe rebutoient point, toujours prêts à donner dans les vifions du premier fanatique & toujours faciles à fe laiffer féduire par le premier impofteur. On peut dire que la crédulité de ce peuple à l'épreuve mê-

(50) *Voy.* Ses Antiq. Julaïq. Liv. 10. Cap. 6.
(51) *Vide* de bello Judaïco, Lib. 2. Cap. 23.

me des plus mauvais succès étoit alors infatigable.

Sectes des Juifs.

ON n'a jamais vu de Religion sans schismes : quelques précautions que prennent les législateurs, c'est un mal que le caractere de l'esprit humain rend presque inévitable. L'inquiétude & l'indocilité des hommes en sont la premiere cause, l'incertitude & l'obscurité des principes sur lesquels les religions sont fondées en sont ordinairement la seconde. Au tems de Jésus-Christ la religion de Moyse étoit partagée en deux sectes considérables, celle des Juifs & celle des Samaritains. Après la mort de Salomon, la plus grande partie de ses sujets s'étant révoltés contre Roboam son fils, cette révolution donna naissance au Royaume d'Israël, & fut cause en même tems du schisme fameux des Samaritains chez les Juifs; la religion du pays eut le même sort que l'Etat : les Rois d'Israël ayant interdit à leurs nouveaux sujets tout commerce avec Jérusalem, ils établirent

chez eux un culte & des facrifices particuliers.

Le temple de Salomon que les Juifs
prétendoient être le feul lieu où l'Eter-
nel pût être dignement honoré, ne fut
plus fréquenté que par les enfans de Juda & de Benjamin : les dix autres Tribus prefque entieres cefferent alors d'y
rendre aucun culte, & il eft affez douteux qu'elles y en ayent jamais rendu
depuis.

Ce qu'il y a de particulier fur les premiers fiecles du fchifme de Samarie, c'eft
que malgré l'animofité, l'envie & la haine des Juifs & des Ifraëlites les uns pour
les autres, Dieu à qui ils rendoient un
culte différent paroît être demeuré neu-
tre & avoir également approuvé les deux
partis. On ne trouve point dans l'E-
criture que Dieu traite les Ifraëlites de
rebelles ou de fchifmatiques, on ne voit
point qu'il les faffe exhorter par fes Prophêtes à rentrer dans le centre de leur
religion ni à fe ranger fous l'obéiffance de leurs Rois légitimes. Malgré le
fchifme & la rebellion Ifraël eut des Rois
pieux, des Saints & des Prophétes auffi
bien que Juda. Ozée, Amos, Elie, E-
lifée prophétifoient à Samarie, & lorsqu'Achab & Jéfabel y perfécutoient les

Prophêtes du Seigneur, il y en eut un grand nombre qui fignalerent leur piété par la couronne du martyre.

Après l'extinction du Royaume d'Ifraël par Salmanazar, une colonie d'Affyriens ayant été envoyée à Samarie, ces nouveaux hôtes embrafferent la religion des anciens habitans du pays, & augmenterent de beaucoup leur premiere antipathie pour les Juifs. Sous Alexandre le Grand les Samaritains ayant obtenu la permiffion de bâtir un temple fur la montagne de Garizim, ce fut cet édifice qui mit le comble à l'averfion réciproque que les Samaritains & les Juifs avoient les uns pour les autres ; chacune des deux fectes regardant fon temple comme l'unique où Dieu pût recevoir un culte qui lui fût agréable, & condamnant tout autre culte comme impie & facrilége.

Ce temple de Garizim fut détruit 200. ans après par Hircan Prince des Juifs ; mais les Samaritains continuerent d'adorer Dieu fur la montagne de Garizim.

Quoique la religion des Juifs & celle des Samaritains ne différaffent point fur des chofes fort effentielles ; néanmoins l'averfion extraordinaire que ces deux fectes avoient l'une pour l'autre fait connoître à quel point l'efprit de parti fait impreffion fur les hommes. Un idolâtre étoit regardé plus favorablement dans Jérufalem ou dans Samarie qu'un adorateur du vrai Dieu attaché au parti oppofé. Les Samaritains & les Juifs fe traitant en effet mutuellement d'incirconcis, l'ufage étoit établi dans ces deux feƈtes de circoncire une feconde fois ceux qui abandonnoient l'une pour embraffer l'autre.

C'eft ainfi qu'on a vu dans les premiers fiecles de l'Eglife les orthodoxes & les hérétiques conférer un fecond Baptême à ceux qui avoient déjà reçu ce Sacrement dans toutes les formes, mais par des mains qui leur étoient odieufes.

Dans la parabole où Jéfus-Chrift (52) introduit un Juif bleffé par des voleurs fur le grand chemin, après avoir dit qu'un Prêtre & un Lévite pafferent dans cet endroit fans l'affifter, il ne manque pas d'ajouter pour relever le mérite de la charité que ce fut un Samaritain dont il reçut toutes fortes de fecours. L'oppofition qui fe trouve dans cette parabole entre un Prêtre, un Lévite & un Samaritain fait fentir que fi les premiers étoient véritablement ceux dont un Juif pouvoit

(52) *Vid.* Luc. cap. 10, verfet 39. & feqq.

efpérer le plus de fecours, l'autre étoit l'homme du monde dont il en devoit le moins attendre.

Cette femme Samaritaine que Jéfus-Chrift convertit après lui avoir demandé à boire, eft furprife qu'un Juif lui demande même un verre d'eau, & fe récrie fur cela comme fur une chofe inouie parce qu'en effet les Juifs & les Samaritains avoient une e'pece d'horreur les uns pour les autres qui les éloignoit de tout commerce & de toute humanité.

Enfin l'injure la plus atroce qu'un Juif crût pouvoir dire à quelqu'un étoit de l'appeller Samaritain. C'eft ainfi que Jéfus-Chrift lui-même fut traité par fes ennemis, lors qu'outrés de fes invectives & de fes blafphêmes prétendus ils lui dirent : *vous êtes un Samaritain, vous êtes poffédé du Démon.* (53)

Cependant la fecte des Samaritains fubfiftoit malgré la haine de fes ennemis, ils eurent même la confolation de voir les Juifs bannis à perpétuité de la Judée & de n'être point compris dans cette trifte profcription : à la vérité ils eurent beau-

______

(53) Refponderunt ergo Judæi, & dixerunt ei: nonne bene dicimus nos, quia Samaritanus es tu, & demonium habes. Johan. cap. 8. verf. 48.

beaucoup à souffrir sous la domination Chrétienne ; on entreprit souvent de les convertir, mais on les opprima au lieu d'en faire des Chrétiens, & la misere plutôt que le nombre des conversions les réduisit dans un pitoyable état.

La domination Mahométane ne les a point tirés de leur misere ; malgré cela ils se maintiennent encore aujourd'hui dans une bourgade au pied de Garizim, leur nombre est peu considérable & leur pauvreté assez grande ; néanmoins ils ont parmi eux des Prêtres & un Souverain-Sacrificateur, & ils témoignent pour leur religion un attachement encore plus opiniâtre que le reste des Sectateurs de Moyse.

Les Juifs qui n'avoient aucune espece de société avec les Samaritains n'en usoient pas si scrupuleusement avec ceux de leur communion, qui se distinguoient par des dogmes particuliers, quoique ces dogmes fussent au fond plus importans & plus essentiels que ceux des Samaritains. Le Judaïsme étoit alors divisé en trois Sectes principales : les Pharisiens, les Saducéens & les Esséniens. Ces différens Sectaires convenoient néanmoins dans le point fondamental, qui étoit de regarder le temple de Jérusalem comme le vrai temple. Cela suffisoit pour entretenir la paix entre eux, quoique du reste leurs opinions & leurs usages fussent fort différens. La secte des Pharisiens dont il est fait mention si souvent dans l'Evangile étoit la plus nombreuse & la plus accréditée parmi le peuple. Ceux de cette secte se piquoient d'une observation exacte & rigoureuse des préceptes de la loi, tant de la loi écrite que de celle qu'ils prétendoient tenir de leurs Peres par une tradition constante.

La religion de Moyse étant déjà chargée d'un grand nombre de cérémonies désagréables, il semble que les Juifs auroient dû naturellement s'en tenir là & n'en point imaginer de nouvelles ; mais ces petits esprits nés pour les minuties s'en étoient imposé volontairement une infinité d'autres & ils avoient le même zêle & le même respect pour les préceptes de cette loi orale que pour ceux de la loi écrite.

La régularité des Pharisiens, leurs jeûnes & leurs austérités en imposoient au peuple, & cela faisoit que leurs opinions étoient presque généralement suivies de toute la nation. Il étoit dangereux de s'attirer pour ennemis des gens d'un aussi grand crédit, & plus de cent ans avant

Jéfus-Chrift les Rois Asmonéens en a-
voient éprouvé & reconnu la conféquence. Joſeph qui étoit de la ſecte des
Pharifiens dit que leurs mœurs étoient
aufteres & que leur vie étoit irrépréhen-
fible. Jéfus-Chrift ne leur reproche
point d'autres vices que des vices ſpirituels. Ils admettoient le concours de la
grace & de la liberté dans les bonnes
œuvres. Ils croyoient l'immortalité de
l'ame & mettoient la loi orale ou la tradition de pair avec la loi écrite.

Ce font-là les trois points principaux
en quoi ils différoient des Saducéens. Les
paroles de St. Paul devant le Sanhédrin
paroiſſent ſuppoſer que les Pharifiens
croyoient la réſurrection des morts. Cet
Apôtre ayant été arrêté comme un féditieux parce qu'il prêchoit Jéfus - Chrift
fut conduit devant le Conſeil des Juifs ;
alors s'appercevant (54) que ceux qui
compoſoient ce Conſeil étoient en partie
Pharifiens & en partie Saducéens, il s'a-

____

(54) Sciens autem Paulus quia una pars eſſet
Sadducæorum, & altera Phariſæorum exclamavit
in concilio : viri fratres, ego Phariſæus fum . filius
Phariſæorum, de fpe & reſurrectione mortuorum
ego judicor. Et cùm hæc dixiſſet, facta eft dis-
ſenſio inter Phariſæos & Sadducæos, & foluta eft
multitudo &c. Acta Apoſtolor. Cap. 23. verſet 6.
& feqq.

visa pour se tirer d'affaire de jetter la
division parmi eux & d'en mettre la
moitié dans ses intérêts. ,, Mes freres,
,, leur dit-il, je suis Pharisien & fils de
,, Pharisien, c'est parce que je crois &
,, que j'espere la résurrection qu'on veut
,, me condamner." La ruse de St. Paul
eut son effet, ses paroles ayant mis la
division dans le Conseil on se sépara sans
rien conclure.

Il est assez surprenant que Joseph qui
devoit connoître les opinions des Pharisiens, puisqu'il étoit de cette Secte,
leur ait attribué plus d'une fois un sentiment qui ne s'accorde point avec la résurrection des morts, c'est la Métempsycose. Voici comme il en parle : ,, Les
,, Pharisiens, dit-il, croyent que les a-
,, mes sont immortelles, qu'elles sont ju-
,, gées dans un autre monde & récom-
,, pensées ou punies selon qu'elles ont été
,, vertueuses ou vicieuses en celui-ci :
,, que les unes sont éternellement rete-
,, nues prisonnieres dans cette autre vie &
,, que les autres reviennent en celle-ci."
Il ajoute dans un autre endroit : ,, les
,, ames sont immortelles, celles des jus-
,, tes passent après cette vie dans d'au-
,, tres corps, & celles des méchans souf-
,, frent des tourmens qui durent tou-

„ jours." Il eſt évident par ces paroles que les Phariſiens admettoient la mé-tempſycoſe, du moins à l'égard des juſtes, & qu'ils n'avoient pas beſoin de recourir à la réſurrection des morts pour récompenſer ou punir les hommes ſelon leur mérite , puiſqu'ils faiſoient ſuivre les récompenſes & les châtimens immédiatement après cette vie.

Non ſeulement Joſeph n'attribue pas aux Phariſiens l'opinion de la réſurrection des morts, mais, ce qui eſt le plus étonnant, il ne fait nulle part mention de cette opinion, & le terme de réſurrection des morts ne ſe trouve pas une ſeule fois dans ſes ouvrages ; cependant il eſt certain que c'étoit une opinion très-commune chez les Juifs. Quelques anciens même s'étoient imaginé que les Juifs étoient autrefois ſortis d'entre les Mages, parce qu'ils voyoient cette opinion également établie chez les uns & les autres. On ſçait que les Mages condamnoient l'uſage de brûler les corps, parce qu'ils croyoient que les morts reſſuſciteroient un jour & vivroient pour ne plus mourir. Le bon & le mauvais Principes devoient ſelon eux (55) régner al-

(55) *Vide Plutarchum.* Tract. de Iſide & Oſiride.

E 3

ternativement dans le monde pendant trois mille ans, après quoi ils devoient se faire la guerre pendant trois autres mille années, au bout desquelles le mauvais Principe étant vaincu ou détruit, tous les hommes devoient être éternellement heureux. Le long séjour que les Juifs firent dans le pays des Mages pendant leur captivité put introduire parmi eux une opinion d'ailleurs favorable à la justice divine.

Les hommes n'avoient pas autrefois de l'Esprit une idée aussi métaphysique & aussi subtile qu'ils l'ont aujourd'hui. On ne s'imaginoit pas aisément que l'ame séparée du corps pût être susceptible de douleur ou de plaisir, & par conséquent on ne pouvoit concevoir que Dieu pût exercer sa justice à l'égard des morts, qu'en supposant ou la métempsycose qui est le passage de l'ame dans un autre corps, ou la résurrection qui est la réunion de cette ame à son propre corps. Voilà ce qui a donné cours à ces deux opinions, avec cette différence néanmoins que le dogme de la Métempsycose étant plus simple & plus favorable à l'exécution prompte de la justice divine s'est extrêmement répandu, au lieu que l'autre paroît n'avoir été connu que dans la

Perſe & dans la Paleſtine.

Il eſt ſi vrai que la difficulté de concevoir comment Dieu peut exercer ſa juſtice à l'égard des morts, a donné lieu à l'opinion de la réſurrection, que les premiers Chrétiens qui ont traité cette matiere n'en ont point donné d'autre raiſon. „ Dieu étant juſte, diſent-ils, doit „ donner aux uns la récompenſe qui leur „ eſt due & faire ſouffrir aux autres le „ châtiment qu'ils ont mérité & cela ne „ ſe peut qu'en ſuppoſant la réſurrec- „ tion." Les Mahométans & les Juifs dont l'eſprit eſt peu exercé aux raiſonnemens métaphyſiques, penſent encore aujourd'hui ſur la réſurrection des morts comme on penſoit autrefois. Nos Métaphyſiciens plus ſubtils ſoumettent à la vérité leurs lumieres aux ténebres de la foi. Ils croyent, puiſque Jéſus-Chriſt l'a dit, que Dieu doit un jour réunir leurs ames à leurs corps ; ils adorent ſur cela ſa volonté ſainte, mais cette réunion eſt pour eux un dogme myſtérieux dont ils ne ſentent point l'utilité.

Pour revenir aux Phariſiens, il y a toute apparence que le plus grand nombre d'entre eux penſoient ſur l'état de l'ame de la maniere dont Joſeph le dit ſi poſitivement. Le gros de la nation Juive croyoit la réfurrection des morts ; les Pharifiens ambitieux qui vouloient avoir le peuple dans leurs intérêts affectoient peut-être de ne point s'écarter de l'opinion commune; au fond c'étoit toujours croire l'immortalité de l'ame & les uns & les autres convenoient dans l'effentiel : on peut même ajouter que la croyance du peuple n'étoit pas bien fixe & flottoit en quelque maniere entre la métempfycofe & la réfurrection, fans parler de l'opinion qu'on avoit de Jéfus - Chrift qu'on prenoit pour Elie ou pour Jérémie ou pour quelque autres des anciens Prophêtes. En voici un exemple plus fenfible. Les Apôtres voyant un aveugle né, demanderent (56) à leur maître fi c'étoit fon pere ou fa mere ou lui

(56) *Voy.* Jean Chap. 9. verfet 1. & 2. *& notez* ces paroles de Le Clerc in loc. ,, Les Juifs en ce ,, tems-là , *dit-il* , croyoient que les ames des ,, hommes exiftoient avant que d'être unies aux ,, corps ; & que felon qu'elles avoient vécu dans ,, cette premiere vie, elles étoient mifes dans des ,, corps plus heureux ou plus malheureux : c'eft ce ,, qui paroît par le livre de la Sapience Chap. ,, VIII. 19. & 20. Dans cette fuppofition les A- ,, pôtres demandent à Notre Seigneur en voyant ,, un homme né aveugle, fi c'étoit l'ame de cet ,, homme ou fes parens qui par leur péché lui a- ,, voient attiré le malheur d'être aveugle dès fa ,, naiffance." *Voyez auffi Sandius* de origine animæ §. 9. pag. 105. 106. & §. 6, pag. 65.

dont les péchés lui euſſent attiré cette affliction. Or il n'y a aucun ſens à demander ſi un homme né aveugle a pu pécher avant que de l'être, à moins qu'on ne ſuppoſe une vie préexiſtante à celle-ci, & par conſéquent les Apôtres ſuppoſoient que l'ame de l'aveugle avoit pu pécher dans un autre corps; & c'eſt-là clairement la métempſycoſe.

Quoi qu'il en ſoit, dans les ſiecles poſtérieurs à Jéſus-Chriſt les Juifs ont allié bizarrement l'opinion de la métempſycoſe à celle de la réſurrection. Pour concilier ces deux opinions ils ſoutiennent que l'ame paſſe au ſortir de cette vie dans un autre corps, de celui-là dans un autre encore, & ainſi ſucceſſivement juſqu'à la fin du monde : alors, diſent-ils, Dieu reſſuſcitera un des corps que l'ame habitera éternellement. Ils ſont fort embarraſſés ſur le choix de ce corps privilégié; les uns donnent la préférence au premier, d'autres au dernier, d'autres au plus parfait. A l'égard des autres corps, ne ſachant qu'en faire, ils les laiſſent dans la pouſſiere. C'eſt ainſi que les Juifs ont formé un ſyſtême ridicule de deux ſentimens différens, qu'ils ont trouvés établis chez leurs Peres. Cette nation idolâtre de l'opinion de ſes ancêtres aime

mieux s'écarter de la raison que du respect qu'elle croit leur devoir.

Pendant plusieurs siecles la nation Juive n'a point eu d'autre régle de sa foi
que les écrits de Moyse. Dans la suite
des tems le commerce que les Juifs eurent avec les Chaldéens & ensuite avec
les Grecs, introduisit parmi eux plusieurs opinions inconnues à leurs Peres,
telle qu'est, par exemple, l'existence
des esprits, l'immortalité de l'ame, les
peines & les récompenses après cette vie,
la résurrection des morts &c. Ces opinions qu'on croit très-faussement utiles
au bien de la Société & qui étoient d'ailleurs conformes à l'opinion de la providence que les Juifs avoient déjà, s'établirent chez eux avec assez de facilité.
Les plus religieux de la nation les reçu-
rent d'abord comme raisonnables & utiles, & le peuple qui adhere volontiers
aux sentimens de ceux dont il honore la
vertu, les regarda dans la suite comme
des vérités incontestables.

Ces opinions ne trouverent pas un ac-
cès général dans tous les esprits: on vit
des Juifs détracteurs du dogme de l'immortalité de l'ame & attachés fortement
aux manieres de penser de leurs Peres
qui les rejetterent comme des inventions

humaines & comme un fruit du commerce étranger. Mais lorsqu'après avoir secoué le joug des Rois de Syrie l'Etat Judaïque commençoit à prendre forme sous les Princes Asmonéens, la nation Juive plongée dans une extrême grossiéreté, & qui avoit perdu de vue l'origine de ses opinions, commença à les regarder comme une tradition constante de ses ancêtres. A ces opinions s'étoient joints un grand nombre d'usages nouveaux que la superstition avoit introduits & que l'ignorance faisoit regarder de même comme des usages établis par Moyse & observés sans interruption depuis le tems de ce législateur. Ce fut alors qu'un certain nombre de Juifs plus versés dans les Ecritures & moins ignorans que leurs compatriotes s'éleverent contre l'innovation & traiterent avec mépris les opinions étrangeres & les ouvrages superstitieux que la crédulité des simples adoptoit si légérement. Ces hommes à la tête desquels étoit Sadoc qui a donné le nom à toute la Secte n'eurent pas de peine à justifier leur hardiesse devant leurs freres. Ils les convainquirent aisément que Moyse dont l'exactitude s'étoit étendue jusqu'aux plus petites choses, n'avoit jamais rien écrit touchant

ces usages nouveaux qu'ils observoient &
que ni dans les ouvrages de ce législateur, ni dans ceux de leurs Peres avant
la Captivité, il ne se trouve pas le moindre vestige de ces opinions Grecques sur
l'immortalité de l'ame & sur une autre
vie. La raison ne fournissant point de
réponse à l'argument des Saducéens, on
fut obligé de recourir à une défaite que
l'imagination présenta. On convint avec
eux qu'il n'étoit point mention dans les
écrits des anciens ni de ces usages ni de
ces opinions qu'ils rejettoient ; mais en
même tems on soutint que ces opinions
& ces usages ne laissoient pas de venir de
Dieu qui les avoit verbalement enseignées
à Moyse. On ajoutoit que Moyse à la
vérité n'en avoit rien écrit, mais qu'il
en avoit instruit les plus éclairés de la
nation de la maniere dont Dieu l'avoit
instruit lui-même, c'est-à-dire de bouche, & qu'ainsi cette loi orale ne devoit pas avoir moins de force que la loi
écrite puisqu'elle venoit également de
Dieu, & que Moyse l'avoit également
recommandée. A l'abri de cette imagination les adversaires des Saducéens se
maintinrent dans leur opinion & dans la
pratique de leurs usages. Les Saducéens
de leur côté sentant l'extravagance d'une

suppofition qui ouvroit la porte à toute forte d'abus, fe contenterent de s'en moquer & laifferent aux Juifs fuperftitieux la liberté de s'impofer tel joug qu'ils voulurent.

Mais cette différence de fentimens ne rompit point la communion entre les traditionnaires & ceux qui rejettoient les traditions. Nier l'exiftence des efprits & l'immortalité de l'ame ne parut pas un point affez important pour faire traiter d'hérétiques des hommes qui obfervoient la Loi de Moyfe & qui adoroient Dieu dans Jérufalem. Les Saducéens étoient traités de freres, ils parvenoient à toutes les charges, & même à celle de Souverain-Sacrificateur.

Hircan neveu de Judas Machabée & le plus illuftre de fes Succeffeurs étoit de cette fecte. Dieu qui s'accommodoit à la maniere de penfer de fon peuple aimoit & protégeoit les Saducéens vertueux. La vie d'Hircan fut une fuite continuelle de profpérités, & le Grand-Prêtre avoit même reçu du ciel le don de prophétie à caufe de fon éminente vertu. Les Pharifiens ayant entraîné le peuple dans leurs opinions, la fecte Saducéenne n'étoit pas fort nombreufe, mais c'étoit tous gens de mérite & de diſtinction. Leurs maximes principales étoient qu'un homme raiſonnable doit pratiquer le bien par le ſeul motif de l'honneur, & qu'il eſt honteux de céder en vertu & en ſageſſe à ſes propres maîtres. Ils avoient peu d'ambition; lorſque leur mérite les élevoit contre leurs deſirs aux emplois & aux dignités, ils étoient obligés de ſe conformer à la conduite des Phariſiens pour ne pas bleſſer le peuple; au reſte ſéveres & intraitables dans l'exercice de leurs charges: ceux qui n'attendent rien d'une autre vie ſur la punition des crimes mettent toute leur confiance dans la ſévérité des loix.

La Secte Saducéenne diſparut avec l'Etat Judaïque après la ruine de Jéruſalem. Les malheureux reſtes de la nation Juive ſe trouverent tous de l'opinion Phariſienne qui étoit depuis longtems l'opinion générale du peuple. S'il échappa quelque Saducéen, la miſere où il ſe vit réduit lui ota apparemment cette force d'eſprit toujours néceſſaire pour réſiſter au torrent, d'autant plus que la Religion Chrétienne commençant à s'établir, c'étoit un nouveau ſurcroît d'ennemis qu'il auroit eu à combattre: ainſi le Phariſianiſme ne trouvant plus d'obstacles régna paisiblement sur tous les esprits, & si on en excepte quelques-uns qui même conviennent avec les autres sur l'immortalité de l'ame & sur la résurrection des morts, on peut dire que tous les Juifs ont été depuis ce tems-là & sont encore aujourd'hui de la secte des Pharisiens.

Il n'est fait aucune mention des Esséniens dans l'Evangile. Ces Solitaires sans doute peu curieux de la nouvelle doctrine qu'on annonçoit, ne daignerent pas quitter leurs retraites pour venir disputer avec le Messie; mais quoiqu'ils n'ayent rien eu à démêler avec Jésus-Christ en particulier, il est néanmoins un peu étonnant que ni les Evangélistes ni Saint Paul ni aucun des Apôtres n'en ayent jamais parlé. Il semble que des hommes qui passoient avec raison pour les plus vertueux d'entre les Juifs auroient pu donner lieu à quelques réflexions sur leur sujet, d'autant plus que la morale des Esséniens approchoit fort de la morale Chrétienne, & que la plupart de leurs usages furent pratiqués par les premiers Chrétiens : quoique le nom même des Esséniens ne se trouve pas une seule fois dans les écrits des Apôtres, leur secte est cependant de toutes les sectes qui subsistoient alors, celle qu'on connoît le mieux ; Joseph en a parlé fort au long, & nous avons des livres entiers que Philon a composés exprès sur leurs usages & sur leurs opinions. La Secte des Esséniens ne le cede point aux autres en antiquité, elle se trouve établie dès le commencement du régne des Asmonéens ; mais malgré ce que disent (57) Pline & Solin, il est difficile d'en fixer l'origine plus haut. C'est une chose sensible pour tous ceux qui sont un peu versés dans l'histoire ancienne que cette secte doit son institution au Pythagorisme. La doctrine de Pythagore introduite chez les Juifs y trouva des Sectateurs comme elle en avoit trouvé chez les Payens, avec cette différence que les Juifs en retenant le fond de leur religion adopterent les opinions & les maximes des Pythagoriciens qui leur étoient nouvelles.

La secte des Esséniens étoit composée de deux sortes de gens : les uns embrassoient une vie active, les autres se livroient à la vie contemplative. Sans entrer dans un trop grand détail sur ce qui regarde ces deux branches, nous allons seu-

______

(57) *Vide Plinium*, Natur. hist. Lib. 5. Cap. 17.

feulement rapporter ce que chacune avoit d'eſſentiel & de particulier. Les premiers au nombre d'environ quatre mille étoient répandus en différens endroits des pays où les Juifs étoient habitués : ils demeuroient hors des villes afin d'éviter le tumulte & l'embarras du monde. Ils vivoient enſemble, mettant tous leurs biens en commun, ſans femmes ni domeſtiques pour les ſervir. Ils avoient des Supérieurs auxquels ils faiſoient vœu d'obéir très-religieuſement. Leurs heures étoient réglées pour ſe lever, pour travailler, pour prier Dieu. Ils mangeoient dans un même lieu où chacun trouvoit une portion frugale : leurs habits étoient uniformes & la couleur en étoit blanche. Tous les voyageurs de la ſecte étoient reçus dans leurs maiſons & traités comme le reſte de la Communauté. Enfin ils faiſoient obſerver un noviciat de trois ans à ceux qui vouloient entrer parmi eux afin d'éprouver leur vocation.

Ceux qui ſe voüoient à la vie contemplative étoient encore plus parfaits ; on les appelloit par excellence *Thérapeutes* ou *Médecins*, car quoique tous les Eſſéniens s'appliquaſſent à la recherche des remedes naturels pour les maux du corps, ceux-ci s'occuperent particuliérement à la cure des maux de l'ame. En entrant dans cet état de perfection, ils abandonnoient biens, femmes, enfans, & renonçoient abfolument à toute la terre. Les femmes y étoient admifes auffi bien que les hommes; on en voyoit un grand nombre de l'un & de l'autre fexe qui étoient parvenus à une extrême vieilleffe, après avoir paffé leur vie dans la continence & dans la pratique de tous les exercices de la fecte. Ils habitoient chacun dans une petite maifonnette féparée; là ils paffoient fix jours de la femaine feuls & enfermés ne s'occupant qu'à méditer l'Ecriture & à pénétrer fes fens miraculeux.

L'allégorie étoit du goût de tous les Juifs, mais elle avoit un attrait & un charme inexprimable pour ces Reclus. Ils comparoient la Sainte Ecriture à un animal dont la lettre eft le corps, & le fens allégorique l'ame. La maniere dont ils fe nouriffoient leur aidoit extrêmement à dévoiler l'ame des Ecritures; ils ne mangeoient qu'une feule fois le jour & après le coucher du Soleil. Plufieurs étoient trois jours fans manger, & quelques-uns pouffoient cela jufqu'à fix. Leur nourriture ordinaire étoit du pain, de l'eau & du fel. Le jour du Sabbath ils quittoient leurs folitudes & s'affembloient dans un lieu deftiné à cela. Les hommes fe mettoient d'un côté & les femmes de l'autre, & une cloifon haute de quatre pieds les féparoit pour oter lieu à toute tentation. Après que quelques-uns des Anciens avoit prêché la Communauté, les deux chœurs d'hommes & de femmes chantoient alternativement des Pfeaumes & des hymnes à l'imitation de Moyfe & de Marie fa fœur; toute la nuit fe paffoit en prieres, & le lendemain chacun alloit fe renfermer. Lorfque le cinquantieme jour arrivoit, qui étoit pour ainfi dire le Sabath du Sabath, ils célébroient ce jour avec une célébrité toute particuliere, faifant voir par là, dit Philon, qu'ils honoroient non feulement le nombre de fept fimplement pris, mais encore ce nombre multiplié par lui-même.

La morale des Efféniens répondoit parfaitement à l'extérieur de leur vie, on les voyoit doux & modeftes entre eux, affectant toujours les places les moins honorables, ils étoient bienfaifans à l'égard de tout le monde. Quoiqu'ils euffent voué une obéiffance exacte à leurs Supérieurs, il y avoit néanmoins un point fur lequel ils pouvoient leur défobéir, c'étoit en cas qu'on leur commandât de faire du mal à quelqu'un; & il n'y avoit de même qu'une feule chofe qu'ils euffent permiffion de faire fans ordre, c'étoit d'affifter ceux qui avoient befoin de leur fecours.

Ils regardoient les Souverains comme tenant la place de Dieu, ils leur juroient une fidélité inviolable; auffi étoient-ils protégés des tyrans mêmes qui les laif-foient vivre tranquillement felon leurs loix & leurs ufages. Leur attachement à leur Religion étoit à toute épreuve, leur piété étoit fincere & éclairée; ils rendoient à Dieu un culte fpirituel ne lui offrant point d'autres facrifices que le facrifice de leurs paffions. Les fermens de toute efpece étoient bannis d'entre eux; leur maniere d'affirmer étoit *oui* ou *non*, ainfi que Jéfus-Chrift le recom-mande dans l'Evangile: en un mot la morale des Efféniens étoit fi pure & leur vie fi fainte qu'il étoit très-commun de voir des Prophétes parmi eux. Jofeph en rapporte plufieurs exemples, après quoi fe méfiant de l'incrédulité de fon fiecle, il ajoute à fon ordinaire que la chofe pourra être révoquée en doute. Mais ce qui la rend vraifemblable, dit-il, c'eft que le don de Prophétie peut être regardé comme une récompenfe que Dieu accordoit à la fainteté de leur vie.

Je dois ajouter que parmi ces Philofophes Juifs qui fe vouoient à une continence perpétuelle, certains d'entre eux regardant le célibat comme un crime contre l'intention de la nature, s'étoient féparés d'avec les autres fur ce point feulement. Ceux-ci fe marioient après avoir apporté toutes fortes de précautions pour s'affurer de la fageffe & de la fécondité de leurs femmes; mais ils faifoient voir en fe mariant que c'étoit moins la volupté que le defir de fe conformer à l'ordre du créateur qui les invitoit à devenir peres, car lorfqu'ils avoient fatisfait au devoir conjugal, & qu'ils avoient reconnu que leurs femmes étoient groffes, ils fe féparoient d'avec elles jufqu'à ce qu'elles fuffent accouchées. Au refte, cette branche particuliere d'Efféniens convenoient avec leurs freres fur tous les autres points.

Il eft inutile de faire remarquer la conformité de la morale Effénienne avec celle du Chriftianifme, c'eft une chofe fenfible par elle-même. Les Chrétiens y ont trouvé tant de rapport que plufieurs fe font efforcés d'enlever les Thérapeutes à la Synagogue pour en faire honneur à l'Eglife naiſſante. Mais ſi quelqu'un a droit de réclamer les Eſſé-niens, c'eſt ſans contredit Pythagore ; excepté la circonciſion & l'adoration d'un ſeul Dieu, tous les uſages & tou-tes les opinions de la Secte Eſſénique viennent des Pythagoriciens. On n'y découvre pas le moindre veſtige du Chriſtianiſme, & il faut être d'une pré-vention ſurprenante pour y en apperce-voir aucun; au contraire, tout y reſſent le Pythagoriſme. La morale d'un bout à l'autre eſt celle de Pythagore, ce ſont les mêmes uſages, les mêmes maximes; ce ſont les mêmes dons ſpirituels, s'il eſt permis de parler ainſi, puiſque parmi les Brachmanes des Indes la plupart de ces philoſophes Pythagoriciens étoient Pro-phêtes auſſi bien que les Eſſéniens (58).

Enfin Joſeph lui-même convient que le genre de vie des Eſſéniens étoit ſem-blable à celui des Pliſtes chez les **Thra**-ces : or on ſçait que Zamolxis diſciple de Pythagore porta & établit les dogmes de ſon maître dans leur pays dont il étoit originaire. Mais ce n'eſt pas le lieu de s'étendre ici davantage ſur cette queſ-

(58) *Voy.* Philoſtrate , Vie d'Appollonius de Thyane. Liv. 3. Ch. 1.

tion qui vient d'être traitée à fond par M. Basnage. On peut consulter ce sçavant auteur, ou plutôt je renvoye à Philon même pour faire connoître par la simple lecture de son livre sur les Thérapeutes, à quel point d'aveuglement la prévention peut porter l'esprit humain.

Il ne tint pas à un grand nombre de visionnaires & de fourbes, qu'on ne vît alors les Sectes se multiplier à l'infini parmi les Juifs. Tous ces fanatiques & ces imposteurs dont parle Joseph en avoient sans doute formé le projet; & la crédulité qui régnoit alors les invitoit à l'exécuter. Mais ces sectaires échouant la plupart dans leurs entreprises, leur dessein avortoit presque aussitôt qu'il étoit conçu. Le Galiléen Judas fut plus heureux. C'est lui qui au tems de la naissance de Jésus-Christ établit cette Secte de furieux & d'enragés qui traitoient en ennemis ceux qui avoient la foiblesse de donner le nom de maître à tout autre qu'à Dieu seul. Leur fanatisme sur ce point, joint à un esprit factieux & cruel, étoit la seule chose qui le distinguât du reste de la nation. Ils subsisterent encore quelque tems après la prise de Jérusalem, & donnerent des marques aussi étonnantes de courage & de fermeté dans les tourmens qu'on leur fit souffrir, qu'ils en avoient donné de cruauté pendant la guerre.

L'histoire des Actes des Apôtres joint un nommé Théodas à Judas Galiléen : celui-là voulut établir une Secte aussi bien que l'autre, mais il n'y réussit pas. On ne sçait si ce Théodas est le même que Theudas dont parle Joseph, qui suivi par la multitude jusqu'au bord du Jourdain, assuroit les Juifs imbécilles qu'il alloit comme un autre Josué leur faire passer ce fleuve à pied sec. Quoi qu'il en soit, excepté Theudas & Jonatas autre Prophête qui d'une seule parole devoit renverser les murailles de Jérusalem, Joseph n'a pas daigné nommer ces autres fanatiques ou faiseurs de prodiges qui séduisoient alors le peuple, les regardant sans doute comme des gens trop méprisables pour en conserver les noms à la postérité.

Les Evangélistes au contraire ne nous ont conservé que le nom d'une espece de Secte qui subsistoit au tems de Jésus-Christ, sans nous rien apprendre sur ces opinions, sans nous dire même si c'étoit une Secte dans les formes ainsi qu'on se l'est imaginé depuis. Ce sont les *Hérodiens*, le nom s'en trouve deux ou trois

fois dans les Evangiles, mais dénué abfolument de tout ce qui pourroit contri-
buer à les faire connoître ; l'exactitude
de Jofeph ne fournifTant fur leur chapitre aucun éclairciffement, on s'eft vu
obligé de recourir aux conjectures &
aux imaginations pour fixer en quelque
forte la fignification de ce terme inconnu.

Les Commentateurs Chrétiens qui
voyent le Meffie par-tout, n'ont pas hé-
fité de dire que ces *Hérodiens* étoient une
Secte de gens qui regardoient quelques-
uns des Hérodes comme le Meffie. Les
uns ont foutenu qu'Hérode le Grand étoit
chef de cette Secte. Saint Epiphane, Ni-
cetas & plufieurs autres l'ont avancé. Il
y avoit cependant déjà 30. ans qu'Hérode étoit mort, fa mémoire étoit en
exécration chez les Juifs qu'il avoit gou-
vernés avec une verge de fer : la nation
Juive étoit plus que jamais affujettie fous
le joug étranger ; malgré cela on s'imagine qu'il y avoit parmi eux des gens
affez fous pour regarder comme leur libérateur un homme mort depuis trente
ans & dont la mémoire étoit odieufe à
tout le peuple. Quelques Commentateurs ont donné dans un autre excès d'abfurdité en difant que le chef des Héro-

diens dont Jésus-Christ parle est Hérode Agrippa qui ne monta sur le trône de
Judée que sous l'Empire de Claude,
c'est-à-dire, plusieurs années après la
mort de Jésus-Christ. Enfin quelques
autres rejettant ces deux premieres opinions soutiennent que ce Messie prétendu
est Hérode le Tétrarque fils du grand
Hérode qui vivoit en effet du tems de
Jésus-Christ, & que Joseph donne pour
un Prince assez ambitieux, comme s'il
y avoit plus de vraisemblance à soutenir
qu'un petit Prince privé du titre de Roi,
qui ne possédoit que la moindre partie
des Etats de son pere, qui n'avoit aucune autorité dans Jérusalem, & qui étoit
dans une dépendance absolue de Rome,
prétendît se faire passer parmi les Juifs
pour leur Messie, c'est-à-dire pour ce
Roi brillant & victorieux qui devoit rendre la nation Juive la plus puissante de
toute la terre.

Il y avoit déjà près de soixante-dix ans
que le premier des Hérodes étoit monté
sur le trône. Ce Prince, après avoir
régné trente-sept ans, avoit laissé ses
Etats partagés entre ses enfans. Sa mai-
son depuis un si longtems s'étoit pu faire, & s'étoit fait réellement parmi les
Juifs un grand nombre de créatures qui

foutenoient fes intérêts contre l'envie &
la haine du refte de la nation. Outre cela Hérode le Tétrarque plus ambitieux
que fon frere Philippe, avoit en particulier des émiffaires dans Jérufalem qui
fomentoient en fa faveur l'averfion que
les habitans de cette ville avoient pour
la domination Romaine fous laquelle ils
étoient alors. Voilà quels étoient les
Hérodiens dont parle l'Evangile, c'étoit
des créatures de la maifon d'Hérode, des
gens dévoués & attachés à cette maifon
qui tâchoient par toutes fortes de moyens
d'attirer les autres à leur parti. Ni Jofeph, ni même les Evangéliftes ne per-
mettront jamais à un lecteur préoccupé
de s'en former une autre idée, & il eft
étonnant que la plupart des Commentateurs & des Peres fans s'arrêter à une
idée fi fimple n'ayent pu voir dans ces
Hérodiens que les Sectateurs d'un Meffie
imaginaire.

Du Meffie.

CE qui a empêché les Peres & les
Commentateurs de s'arrêter à l'idée
qui fe préfente la premiere à l'efprit fur

les Hérodiens, c'eſt qu'ils ont cru que tous les Juifs du tems de Jéſus-Chriſt étoient auſſi occupés, ou pour mieux dire auſſi échauffés de la penſée du Meſſie, que les Apôtres & les premiers Chrétiens l'ont été.

C'eſt une opinion généralement reçue depuis l'établiſſement du Chriſtianiſme que la nation Juive étoit alors toute occupée de l'attente de ſon Meſſie; cependant ſi on en excepte le témoignage des Chrétiens qui naturellement ne doivent point être admis pour juges dans leur propre cauſe, il ne paroît pas que cette opinion ſoit ſans difficulté, ni que la vérité en ſoit bien clairement démontrée.

Les Apôtres ont reconnu en Jéſus-Chriſt un Meſſie promis à leurs Peres & annoncé par les Prophêtes pour être le Sauveur d'Iſraël : non ſeulement ils attendoient ce Meſſie, mais encore l'Evangile nous repréſente les Phariſiens, les Docteurs de la Loi, en un mot tout le peuple Juif comme étant dans la même attente. Si le témoignage des Evangéliſtes avoit lieu chez les incrédules, la queſtion ſeroit d'abord décidée ; mais c'eſt préciſément la vérité des choſes contenues dans l'Evangile que les incrédules conteſtent, ils prétendent que le ſentiment d'un petit nombre d'hommes de la plus vile populace ne doit pas être regardé comme le ſentiment général de toute une nation. Les Evangéliſtes, diſent-ils, ont fait raiſonner & agir le reſte des Juifs ſelon leurs préjugés parti-culiers, ils ont inféré dans leurs écrits ce qui leur a plu; mais ces hiſtoriettes con-tre leſquelles le ſens commun ſe révolte d'un bout à l'autre, peuvent-elles être pour nous de quelque autorité ? Enfin l'autenticité de l'hiſtoire Evangélique étant le point capital de la diſpute, il eſt abſurde de nous alléguer pour preu-ve ce qui eſt en queſtion.

Le ſilence des Juifs déſintéreſſés qui vivoient du tems de Jéſus-Chriſt, pa-roît aux incrédules un témoignage plus fort ſur cela que les récits des Evangéliſtes. Philon qui a beaucoup écrit ſur toutes ſortes de matieres, & dont un grand nombre d'ouvrages roulent entiérement ſur le Judaïſme, ne fait mention nulle part de cette attente prétendue du Meſ-ſie par ceux de ſa nation. Les termes magnifiques de Chriſt & de Meſſie par excellence ſont pour lui des termes ab-ſolument inconnus ; ils ne le ſont pas moins à Joſeph. Cet Hiſtorien dont on ne ſoupçonnera jamais la négligence ſur une chofe qui tiendra du merveilleux, & qui fera d'ailleurs avantageufe à fa nation, a pourtant négligé ce fait important de l'attente du Meffie. Car de regarder la prophétie qu'il applique à Vefpafien comme une preuve bien claire de l'opinion qui régnoit alors parmi les Juifs, rien n'eft plus frivole qu'une telle conjecture & rien n'eft plus contraire en même tems à l'idée myftique que les Chrétiens ont eue de leur Meffie. Nous avons parlé plus haut de cette prophétie, mais c'eft ici le lieu d'éclaircir un fait fur lequel le préjugé feul peut répandre quelque obfcurité.

Jofeph (59) dit que ce qui excita les Juifs à entreprendre cette malheureufe guerre, dans laquelle ils trouverent leur perte entiere, fut l'ambiguité d'un certain paffage de l'Ecriture. Ce paffage portoit que dans ce tems-là on verroit un homme fortir de Judée pour fe rendre le maître du monde ; les Juifs ne doutant point que cet homme forti de Judée ne fût un homme de leur nation, interpréterent la prophétie en leur faveur ; ,, plufieurs même des plus habiles, continue Jofeph, y furent trompés comme les autres, & tous ne revinrent

(59) De bello Judaico. Lib. 6. cap. 3.

„ de leur erreur qu'après leur entiere
„ ruine. Les Juifs reconnurent alors,
„ mais trop tard, que cette prophétie
„ regardoit clairement Vespasien qui sor-
„ tit en effet de la Judée pour aller à
„ Rome monter sur le trône impérial.”
Voilà le fameux témoignage de Joseph
qu'on donne aujourd'hui pour une preuve formelle de l'opinion où étoient les
Juifs sur l'attente du Messie. Faisons sur
cela quelques observations.

Dans tout le cours de son histoire Joseph ne dit jamais que les Juifs attendis-
sent ni Christ, ni Messie, ni libérateur
d'aucune sorte, soit spirituel, soit temporel. C'est dans la seule conjoncture de
leur révolte contre les Romains qu'il leur
attribue cette espece de manie passagere
fondée sur une prophétie obscure qui
flattoit l'ambition des factieux. Avant
la déclaration de la guerre, ils ne paroissent pas dans cet Historien avoir jamais
songé qu'un homme de leur nation dût
commander à toute la terre, comme ils
n'y songerent plus dès que la guerre fut
cessée. „ Ils revinrent de leur erreur,
„ dit-il, & reconnurent que la prophé-
„ tie regardoit Vespasien.” Cela con-
vient-il à l'idée qu'on se forme d'une espérance ferme & constante dans les Juifs

de voir arriver inceſſamment leur Meſſie?

Joſeph ne donne pas cette opinion comme l'opinion générale de ſa nation, il s'en moque lui-même, & en diſant que *quelques-uns des plus habiles y furent trompés*, il fait aſſez entendre que le plus grand nombre des gens raiſonnables la rejettoit auſſi bien que lui. D'ailleurs il nous repreſente ſans ceſſe ce peuple innombrable enfermé dans les murs de Jéruſalem, où les auteurs de la révolte étoient les maîtres, comme une malheureuſe victime de l'ambition de ces factieux. Ce peuple qui ne demandoit que la paix, & que les ſéditieux contraignoient malgré lui de courir le même ſort qu'eux, étoit-il fort échauffé d'une prédiction qui promettoit aux Juifs l'Empire du monde? Cette prophétie dont parle Joſeph regardoit préciſément le tems de la ruine de Jéruſalem, c'eſt-à-dire un tems poſtérieur de 70. ans à la naiſſance de Jéſus-Chriſt. Le ſens clair de cette prophétie étoit qu'un homme ſortiroit alors de la Judée pour commander à toute la terre, non d'une maniere allégorique, ainſi que les Chrétiens ſont obligés de l'entendre, mais d'une maniere littérale ainſi que les Juifs l'entendoient. Enfin l'application que Joſeph fait de cette pré-

prétendue prophétie à Vespasien est si juste & si naturelle qu'il est impossible de n'en être point frappé, & il faut convenir que c'est le sens le plus raisonnable qu'on lui puisse donner. Ce seroit mal à propos qu'on voudroit confirmer l'attente où étoient les Juifs de leur Messie par le témoignage de Tacite (60) & de (†) Suétone, puisque ces deux Historiens n'ont fait que copier Joseph, & qu'ils se sont exprimés presque dans les mêmes termes. Toute la différence qui se trouve entre eux, c'est que les premiers ont dit que selon une ancienne opinion, des hommes sortis de Judée devoient se rendre les maîtres du monde, au lieu que Joseph parle au singulier d'un homme seul. La raison de cela est que celui-ci écrivoit sous l'Empire de Vespasien & avant que Titus son fils lui eût succédé, au lieu que les autres ont écrit sous Trajan & après que Vespasien & Titus furent successivement parvenus à l'Empire. Quant à l'antiquité que Sué-

(60) Pluribus persuasio inerat, antiquis Sacerdotum litteris contineri, eo ipso tempore fore, ut valesceret oriens, profectique Judæâ rerum potirentur. Hist. Lib. 5. Cap. 13.

(†) Percrebuerat oriente toto vetus & constans opinio, esse in fatis, ut Judæâ profecti rerum potirentur. Sueton. in vit. Vespasian.

tone & Tacite semblent attribuer à cette opinion, elle ne tombe que sur l'opinion même, mais nullement sur la prophétie à laquelle les Juifs s'aviserent alors de donner cette interprétation qui leur fit entreprendre une guerre funeste. Selon Suétone & Tacite (61), aussi bien que selon Joseph, la prédiction ne devoit s'entendre que des Empereurs Vespasien & Titus. En un mot les historiens Latins sont entiérement conformes à l'historien Joseph, ils rapportent la prophétie dans les mêmes termes, ils la placent dans la même conjoncture & lui donnent le même sens; & ils ont également ignoré que les Juifs ont pu s'imaginer avant leur révolte qu'ils se rendroient les maîtres du monde.

De toutes les opinions Judaïques l'attente du Messie est sans contredit la plus marquée & la plus singuliere. C'est, comme on sçait, le dogme favori des Juifs, & un dogme qui les distingue mieux aujourd'hui que la Circoncision & l'observation du Sabbath. Or cette attente du Messie auroit dû être l'opinion caractéristique de la nation Juive plus de cent ans avant la ruine de Jérusalem

(61) Quæ ambages Vespasianum ac Titum prædixerant. Tacit. Hist. Lib. 5, cap. 13.

comme nous voyons qu'elle l'eſt aujour-
d'hui. Quoique cette nation ne fût pas
encore tombée dans l'extrême miſere où
la ruine de Jéruſalem la précipita, il y
avoit néanmoins déjà plus d'un ſiecle
qu'elle gémiſſoit ſous une domination é-
trangere. Après le régne long & tyran-
nique d'un uſurpateur la Judée étant devenue Province de l'Empire, ſes habitans avoient paſſé ſous le joug des Romains. L'impatience avec laquelle les
Juifs ſupportoient leur ſervitude eſt une
marque du deſir ardent qu'ils avoient d'en
être affranchis, & une preuve en même
tems que leur condition leur paroiſſoit
aſſez miſérable pour ſoupirer après un
libérateur. Les hommes n'ont pas toujours beſoin d'éprouver les derniers coups
de la fortune pour ſe croire malheureux,
la comparaiſon de leur état avec un ſort
plus brillant ſuffit pour cela; ainſi, je le
répete, quoique les Juifs ne fuſſent pas
encore tombés dans la derniere miſere a-
vant la priſe de Jéruſalem, il y avoit
déjà néanmoins plus d'un ſiecle que l'attente du Meſſie auroit dû être l'opinion
caractériſtique de cette nation comme
elle l'eſt devenue depuis.

Cependant cette opinion ſi ſinguliere
& ſi marquée, cette opinion qui diſtin-

gue prefque feule aujourd'hui les Juifs des autres hommes, a été généralement inconnue à tous les auteurs de l'antiquité qui ont parlé de la nation Juive. Strabon, Tacite, Juftin, Suétone, un très-grand nombre d'anciens auteurs parmi lefquels plufieurs fe font même affez étendus fur les opinions Judaïques ; tous ont également ignoré que les Juifs attendiffent un Meffie. L'Antiquité payenne a prefque toujours parlé des Juifs avec mépris, on fe moquoit fans ceffe de leur crédulité fur le fait des miracles. Leurs ufages & leurs opinions étoient l'objet de la raillerie des Poëtes ; l'attente du Meffie n'auroit pas été oubliée des railleurs, s'ils l'avoient connue, elle auroit fourni plus d'une Epigramme à Martial. Cette opinion ne fe trouvant nulle part dans l'antiquité foit dans les auteurs Juifs comme Philon & Jofeph, foit dans les auteurs payens : que doit-on conclure d'un filence fi général ?

Mais, dira-t-on peut-être, l'attente d'un libérateur eft une chofe que les Juifs devoient taire & ne point révéler aux étrangers, de peur d'exciter leur haine & de s'expofer aux effets de leur colere, & c'eft apparemment la raifon du filence de Jofeph. Cet auteur judicieux crai-

gnoit d'irriter les Romains & d'attirer
fur fa nation les reffentimens de ces Maîtres fiers & abfolus. Cette objection paroît d'abord avoir quelque folidité, mais
la plus légere attention fuffit pour en
faire fentir le foible. Quand même il
eût été de l'intérêt des Juifs de cacher
aux étrangers l'attente du Meffie, peut-
on concevoir qu'une nation très - nombreufe puiffe exactement garder un fecret de cette importance, dont les femmes, les enfans, les hommes les plus in-
difcrets auffi bien que les plus fages, les
plus groffiers auffi bien que les plus é-
clairés, étoient également inftruits ?
D'ailleurs les féditions & les révoltes é-
toient fréquentes chez les Juifs, il fe pré-
fentoit fans ceffe des occafions où le fecret auroit pu leur échapper & même
auroit dû le faire felon leurs vrais intérêts, comme il arriva au tems de la prife
de Jérufalem & comme il eft arrivé fouvent depuis. La perfuafion où eft un
peuple de marcher fous la conduite d'un
divin libérateur fert à relever fon courage & à abbattre en même tems celui
de fes ennemis.

La crainte d'irriter les Romains n'a
point été caufe du filence de Iofeph. Si
cet auteur avoit écrit fon hiftoire dans

un tems où la nation Juive encore en
poſſeſſion de ſon pays, de ſon temple &
de ſes loix, eût eu quelques ménagemens
à garder avec des vainqueurs ſoupçon-
neux & défians, cette raiſon pourroit a-
voir quelque vraiſemblance ; mais lorſque Joſeph écrivit, ſa nation n'avoit plus
rien à craindre des Romains, il n'y avoit
plus de maux à ajouter à ceux qu'elle
venoit d'éprouver. Le peuple Juif étoit
alors dans le même état où ſe trouvent
des hommes malheureux qui peuvent
hardiment défier la fortune, après qu'elle
a épuiſé tous ſes traits contre eux, ou
plutôt il n'y avoit plus de peuple Juif.
Jéruſalem renverſée, le Temple réduit
en cendres, tous les Juifs exterminés,
hors un petit nombre qu'un triſte eſclavage condamnoit à achever leurs jours
dans une terre étrangere, la vengeance
des Romains étoit-elle à craindre pour
une nation qui n'exiſtoit plus? Un petit
nombre d'eſclaves diperſés dans leur Empire étoit-il capable d'exciter leur défian-
ce? Non ; les Juifs auroient pu hautc-
ment ſe promettre trente Meſſies ſans
craindre d'aggraver leur miſere ni d'in-
quiéter leurs vainqueurs.

Mais c'eſt répondre trop ſérieuſement
à une objection frivole. Si après la rui-

ne de Jérufalem rien ne pouvoit augmenter la mifere des Juifs, on peut dire en même tems qu'on ne pouvoit rien ajouter à l'idée méprifante que les Romains avoient de cette nation.

Les Juifs auroient pu varier leur crédulité en cent façons différentes, & débiter les opinions les plus merveilleufes & les plus avantageufes pour eux, fans que cela eût fait le moindre effet fur les efprits des Romains : Ils fçavoient à quoi s'en tenir fur le caractere crédule de la nation Juive, & ils n'étoient pas gens à exterminer tous les enfans d'un pays dans la crainte de voir paroître un libérateur célefte, ainfi que quelques Evangéliftes le font faire à Hérode. Quatre millions de Juifs vivent aujourd'hui en fureté au milieu des Chrétiens & des Mahométans. Ces Juifs efperent conftamment un Meffie qui doit les rendre maîtres du monde, cette efpérance ridicule n'allarme perfonne. Lorfque ce Meffie paroît & qu'il s'eft fait un parti, l'impuiffance de fon peuple le réduit bientôt à renoncer à fa dignité & même à fa propre religion pour conferver fa vie. Nous regardons la nation Juive comme une nation qui feroit effectivement à craindre fi le pouvoir ne lui manquoit pas, mais son impuiffance nous raffure. C'eft ainfi que les Romains penfoient, toute la différence qu'il y a entre eux & nous, c'eft que dans la perfuafion où nous fommes que le Meffie eft déjà venu, nous regardons les Juifs comme une nation abandonnée de Dieu & livrée à fon endurciffement ; au lieu que les Romains l'auroient regardée & la regardoient indépendamment de l'attente du Meffie qui leur étoit inconnue, comme une nation abandonnée du bon fens & livrée à la plus ftupide crédulité.

Ce qui perfuade le plus aujourd'hui que les Juifs devoient attendre le Meffie dans le tems qu'il a paru, ce font les prophéties qui annonçoient fa venue & qui la fixoient précifément en ce tems-là. Ces prophéties étoient entre les mains des Juifs ; ils fçavoient leurs écritures par cœur, ils s'appliquoient foigneufement à en pénétrer tous les fens ; pouvoient-ils ignorer ce que leurs livres faints leur annonçoient fi clairement. Il faut convenir que ce raifonnement feroit d'une grande force, s'il ne fuppofoit point deux chofes dont l'évidence ne fe fait point fentir aux incrédules. L'une eft la clarté des prophéties, l'autre le fyftême du Meffie qu'on fuppofe établi chez les Juifs avant Jésus-Chrift. Nous venons de voir que le témoignage des auteurs Juifs & profanes eft fort contraire à l'opinion du Meffie. Voyons en peu de mots fi l'Ecriture lui eft plus favorable.

Selon le grand principe du Chriftianisme Jésus-Chrift & l'établiffement de fon Eglife eft l'unique fin que Dieu s'eft propofée en toutes chofes. La création du monde, le choix du peuple Juif dont Jésus-Chrift devoit naître, la Loi, le Temple, Moyfe, les Prophêtes, tout n'étoit qu'un acheminement à cette fin unique que Dieu s'étoit propofée ; voilà un grand myftere, dit St. Paul, & un myftere qui a été caché jufqu'au tems de Jésus-Chrift aux hommes, au Diable, aux Anges mêmes. Saint Paul a raifon de fe récrier fur l'obfcurité de ce myftere, car certainement ni la conduite de Dieu à l'égard de fon peuple, ni la loi de Moyfe, ni les écrits des Prophêtes n'en auroient pu donner l'intelligence avant l'événement. Ce myftere étoit fi caché qu'on n'auroit même jamais foupçonné qu'il y en eût aucun. Auffi les Juifs ne s'en font jamais doutés: quoique leur goût les portât volontiers aux allégories, quoiqu'il y eût parmi eux des sectes entieres qui passassent leur vie à chercher les sens les plus mystérieux de l'Ecriture, jamais personne n'avoit découvert celui-là. C'est un secret que Dieu avoit celé & dont l'intelligence étoit impénétrable à la créature.

Les Juifs révoltés contre ce principe fondamental du Christianisme, l'ont toujours regardé comme un systême que l'imagination des premiers Chrétiens a bâti pour appuier leur innovation. Le raisonnement n'a jamais été le fort de la nation Juive ; il faut avouer néanmoins que ceux des Rabins sur cet article ne sont pas sans solidité. Vous convenez, disent-ils à leurs adversaires, que votre grand mystere a été inconnu aux hommes & aux anges parce qu'il étoit d'une obscurité impénétrable. Mais ce mystere si longtems caché devoit au moins cesser d'être obscur dès qu'il a plu à Dieu de le révéler, l'obscurité qui précede la révélation & la clarté qui la suit doivent être en quelque sorte proportionnées pour que les hommes puissent en cela reconnoître & adorer les voies ineffables de Dieu ; or la révélation n'ajoute aucune clarté à ce mystere prétendu ; envain soutenez-vous que tout ce qui s'étoit passé parmi nous n'étoit que l'ombre de ce qui se devoit passer parmi vous : envain votre imagination s'exerce-t-elle à trouver la figure de Jésus-Christ dans Melchisédech, Abraham, Moyse, tous nos Patriarches, tous nos Prophêtes, tous nos Rois, en un mot dans tous les hommes un peu célebres dont nos histoires font mention. Envain appliquez-vous à votre Messie une infinité de passages de nos Ecritures qui ont tous un sens fort différent de celui que vous leur donnez. Nous ne connoissons en tout cela que la fertilité de votre imagination & nous ne sommes frappés que du faux de vos raisonnemens.

Si Jésus-Christ étoit la fin que Dieu se fût proposée en toutes choses, continuent les Rabins, on remarqueroit un rapport sensible entre cette fin & les moyens dont Dieu se seroit servi pour y parvenir. On verroit dans sa conduite une liaison, un enchaînement de choses & de moyens qui aboutiroient distincte-ment à cette fin. Or il n'y à aucun rap-port entre Jésus-Christ & la conduite que Dieu a gardée avant sa naissance. Les Juifs étoient son peuple chéri, vous en convenez, c'est à nous que le Messie a été envoyé, c'est de nous & pour nous qu'il devoit naître : Moyſe, nos Prophêtes, notre Loi, nos Ecritures, tout nous devoit diſpoſer à le reconnoître; ſon avénement eſt un myſtere, il eſt vrai, mais c'eſt un myſtere qui devoit nous être annoncé & dont nous aurions attendu impatiemment la révélation; alors nos eſprits préparés à le recevoir ſe ſeroient ſoumis d'eux-mêmes; nous aurions unanimement reconnu ce Meſſie aux marques certaines qui devoient le caractériſer, bien loin de commettre en ſa perſonne cet affreux Déicide que vous nous imputez, & dont cependant Dieu ſeul eſt coupable, ſi votre ſuppoſition eſt bien fondée. Car enfin nous n'avons point connu ce Meſſie que nous avons crucifié, & nous ne l'avons point connu parce que Dieu a fait préciſément tout ce qu'il falloit faire pour nous empêcher de le connoître.

Peut-on attribuer une pareille conduite à Dieu? La race d'Abraham qu'il a choiſie entre tous les enfans des hommes, & avec qui il a contracté une alliance éternelle, pour être à jamais ſon peuple bien aimé; ſon peuple à qui il a donné lui-même une loi ſainte, dont il a recommandé l'obſervation pendant tous les ſiecles; ce peuple qu'il a pris ſoin d'inſtruire avec la derniere exactitude de tout ce qu'il devoit faire ou éviter pour ſe rendre agréable à ſes yeux ; ce peuple enfin que Dieu a toujours comblé de ſes bienfaits & qu'il n'a jamais châtié qu'en pere, n'étoit ſelon les Chrétiens que l'ombre & la figure d'un peuple plus parfait qui devoit un jour ſe former : l'alliance éternelle qu'il a contractée avec nous, la loi ſainte qu'il nous a donnée, n'étoient que des ſimboles de la loi de Jéſus-Chriſt & de ſon alliance avec l'Egliſe.

Que les Chrétiens examinent leur raiſonnement, & qu'ils ſentent la conſéquence de leur principe. Dieu ne nous a jamais aimés ou plutôt il nous a traités comme ſes mortels ennemis ; ſa loi, ſon alliance, ſes bienfaits, les prodiges étonnans qu'il a opérés en notre faveur, tout cela n'étoit qu'un piége qu'il nous tendoit, puiſque non ſeulement il n'a pas daigné nous inſtruire du ſeul point eſſentiel dont nous devions être inſtruits, qui eſt l'avénement de ſon Meſſie, mais qu'au contraire toute ſa conduite à notre égard n'a tendu qu'à nous le faire rejetter.

Il eſt aiſé de voir par ce raiſonnement des Rabins que les Juifs n'attendoient point un Meſſie, tel au moins que les

Apôtres l'ont reconnu. Mais, disent les Chrétiens, c'est la faute des Juifs. Cette nation grossiere & charnelle se figuroit un Messie temporel qui les rendroit un peuple puissant. Dieu ne leur a jamais promis un pareil libérateur ; s'ils eussent médité plus attentivement leurs Ecritures ils auroient vu clairement que le Messie devoit être pauvre, humilié, crucifié, leurs prophêtes leur auroient appris qu'il devoit naître d'une Vierge, que le sceptre ne sortiroit point de Juda avant sa naissance, que le tems précis de son avénement étoit marqué par les 70 semaines de Daniel ; ils auroient enfin découvert dans un grand nombre d'endroits de l'Ecriture les marques auxquelles ils devoient reconnoître ce Messie qui leur étoit promis.

Ces prophéties & ces marques caractéristiques du Messie qui paroissoient si évidentes aux Chrétiens sont bien éloignées de faire le même effet sur l'esprit des Juifs. Cette nation cependant n'a jamais été grossiere ni charnelle de la façon qu'on leur impute ; au contraire ils ont toujours donné dans l'allégorie & dans le sens mystique, ils y étoient même livrés au tems de Jésus-Christ d'une maniere outrée. Ce n'est donc point la grossiéreté de leur esprit qui les a empêchés de se rendre à l'évidence des Ecritures; ils donnent de meilleures raisons de leur incrédulité. Les prophéties, disent-ils, dont les Chrétiens font l'application à leur Messie, n'ont certainement d'autre rapport avec lui qu'un rapport imaginaire. Ces prophéties ont un sens littéral & naturel bien différent de celui qu'on leur donne, elles étoient toutes accomplies longtems avant la naissance de Jésus-Christ, & nos livres saints, que les Chrétiens admettent, doivent leur apprendre que les Ecrivains sacrés ont reconnu l'accomplissement d'une, entre autres, qu'ils regardent comme très-décisive pour eux. C'est celle de Daniel : l'auteur du premier livre des Machabées rend sur cela un témoignage bien contraire à leur opinion, puisqu'il applique à la persécution d'Antiochus Epiphane & à la mort du Grand-Prêtre Onias ce que les Chrétiens entendent de la mort de Jésus-Christ. Selon la chronologie de Joseph & le sentiment des Juifs de son tems, les 70. semaines font accomplies sous les Machabées & Antiochus (62). Le terme des 70. semaines de

(62) Marsham nie tout net que la prophétie s'entende de Jésus-Christ. C'est-là le sentiment du

Daniel étoit effectivement échu au tems de cette persécution & non au tems de Jésus-Christ, ainsi que plusieurs de ses adorateurs le prétendent, après s'être forgé une chronologie formellement contraire à celle de l'Ecriture.

La prophétie d'Isaïe a eu son accomplissement au tems même de ce Prophête ; l'enfant qui devoit naître d'une Vierge, ou plutôt d'une jeune femme n'est autre chose que le fils d'Isaïe & de la Prophétesse sa femme qui vint au monde neuf mois après la prédiction de son pere ; ce fils d'Isaïe étoit un signe présent & prophétique en même tems, de la protection que Dieu promettoit à Achas, en l'assurant par la bouche de son Prophête qu'il seroit délivré de ses ennemis avant que l'enfant sçût discerner le bien d'avec le mal. Il n'y a rien de plus sensible que le sens littéral de cette prophétie, & il faut avouer que sans le mot de Vierge auquel les Chrétiens s'affectionnent, ils ne pourroient pas faire un grand usage du reste ; mais malheureusement nous leur avons fait voir que

le

P. Hardouin. Le P. Calmet le fait aussi en rapportant néanmoins l'un & l'autre l'accomplissement général de la prophétie à Jésus-Christ.

le terme *Calma* en Hébreu, signifie également une jeune fille & une jeune femme.   Il est employé souvent dans l'Ecriture en ce dernier sens. Les Commentateurs qui entendent un peu notre langue n'ont pu s'empêcher d'en convenir, & d'ailleurs l'exactitude historique ne permet pas qu'on lui en donne un autre ici, puisqu'il s'agit clairement en cet endroit de la Prophétesse femme d'Isaïe.

Pour ce qui est de la prophétie de (63) Jacob, ajoutent encore les Juifs, il est étonnant que les Chrétiens en ayent fait l'application à Jésus-Christ : de quelque côté qu'ils la tournent, ils ne peuvent lui donner un sens raisonnable. Ce Patriarche avant que de mourir annonçant à ses douze enfans chefs des douze Tribus d'Israël quel seroit le sort de leur postérité, prédit en particulier à Juda sa future grandeur, parce qu'en effet sa Tribu devint très-puissante, & donna longtems des Rois à ses freres. *Le sceptre ne sortira point de Juda*, dit notre Patriarche, *jusqu'à ce que le schilo vienne.* C'est le dernier terme que les Chrétiens appliquent à leur Messie, comme si le

(63) *Voyez* sur cette prophétie l'Examen de la Religion, attribué à St. Evremont. Chap. 7 §. 5.

ſceptre n'étoit point ſorti de Juda avant la naiſſance de Jéſus-Chriſt, quoiqu'il y eût déjà 600. ans qu'il en fût ſorti. Il eſt inutile de dire que nos docteurs donnent au terme *ſchilo* des interprétations bien différentes ; en ſuppoſant même ce terme d'une très-grande obſcurité, il eſt toujours ridicule de l'entendre de Jéſus-Chriſt, puiſque 600. ans avant ſa naiſſance le ſceptre étoit ſorti non ſeulement de la Tribu de Juda, mais encore de toute la poſtérité de Jacob, notre nation ayant été pluſieurs fois réduite dans un long eſclavage par des Rois étrangers, puiſqu'enfin lorſque Jéſus-Chriſt vint au monde, il y avoit déjà près de 40. ans que nous gémiſſions ſous la tyrannie d'un uſurpateur qui n'étoit ní de la race de Juda ni de la Tribu d'Iſaïe. Il en eſt de même des autres prophéties que les Chrétiens appliquent à Jéſus-Chriſt ; les unes ont quelque rapport avec ce Meſſie, comme, par exemple, la peinture qu'Iſaïe fait des ſouffrances & de la mort de Jérémie, & celle que David fait de ſes propres calamités ; les autres n'y ont certainement aucun rapport, tel qu'eſt ce nombre prodigieux d'allégories & de figures myſtérieuſes dont on fera toujours l'ufage & l'application qu'on voudra ; parce que l'imagination fçait rapprocher les chofes les plus éloignées & faire trouver de la conformité entre les plus contradictoires.

C'eft pour ces raifons que les Juifs refufent de fe rendre aux prophéties que les Chrétiens appliquent à Jéfus-Chrift. Ces mêmes armes font communes à ces deux partis, il n'eft permis ni aux Chrétiens ni aux Juifs de fe défendre ou de s'attaquer que par l'Ecriture qu'ils admettent également ; mais ces deux partis ont des adverfaires communs à combattre qui ne s'en tiennent pas aux feules armes que les Juifs empruntent de l'Ecriture & qui fe fervent de celles que leur fournit une raifon faine & éclairée. Ces adverfaires font les incrédules qui rejettent hardiment & fans aucune exception ces prophéties qui ont annoncé le Meffie ; ce feul nom de prophétie excite leur mépris & leur raillerie. A peine veulent-ils examiner fi leur incrédulité fur cela eft bien fondée, & c'eft par une efpece de complaifance & de déférence pour l'opinion des autres qu'ils daignent jetter les yeux fur les endroits de l'Ecriture où le Meffie eft annoncé. Il en eft, difent-ils, des prophéties comme des songes ; nous rêvons toutes les nuits, & le hazard fait qu'il arrive quelquefois des choses assez conformes à quelqu'un de nos rêves. Il n'est pas étonnant qu'entre le grand nombre de prédictions qui sont sorties de l'imagination des Prophêtes, il arrive dans la suite des tems quelqu'événement qui ait rapport à quelqu'une de leurs prophéties. Il est même très-possible qu'on y découvre une parfaite conformité. Le hazard cependant en sera la seule cause.

C'est ainsi que raisonnent les incrédules avant que de connoître par euxmêmes les prophéties qu'on applique à Jésus-Christ. Mais lorsqu'ils ont fait l'effort de les lire, il semble qu'ils veulent se récompenser de leur peine en poussant jusqu'à l'excès la hardiesse de leur raisonnement. Il faut avouer, disent-ils d'un ton ironique, que le Patriarche Jacob, Isaïe, Daniel, étoient des hommes divinement inspirés, on ne sauroit parler plus clairement des choses qu'ils ont prédites ; leurs prophéties sont de vraies histoires ; on diroit que ces Prophêtes sont venus dans le tems même des événemens qu'ils ont annoncés. La situation des différens cantons que les douze Tribus d'Ifraël occuperent dans la terre de Canaan, fe trouve exactement dans la prophétie de Jacob plus de 200. ans devant le partage que Jofué fit de cette terre aux Ifraëlites : le caractere de chaque Tribu & le genre de vie auquel elle devoit s'adonner y font marqués, le petit nombre des defcendans de Ruben, de Siméon & de Lévi y eft annoncé auffi bien que la fécondité, la puiffance & la royauté de Juda. Il femble que le Patriarche ait vû de fes propres yeux la majefté du trône de David & de Salomon.

Jacob cependant, ajoutent les incrédules, peut encore paffer pour un Prophête obfcur en comparaifon d'Ifaïe & de Daniel. Celui-ci, foixante-dix femaines d'années avant l'événement, décrit l'hiftoire des Rois de Syrie & en particulier celle d'Antiochus Epiphane avec une exactitude que les hiftoriens les mieux inftruits ne furpaffent point ; toutes les monarchies qui devoient s'élever après celle des Affyriens depuis Nabuchodonofor jufqu'à Antiochus, toutes les guerres, toutes les révolutions, le nombre des Rois, le nom même de plufieurs, rien n'y eft oublié. Ifaïe fait à-peu-près la même chofe. La Reine de Babylone

& la deſtruction de l'Empire des Aſſyriens par Cyrus, qui eſt pluſieurs fois nommé par ſon nom, les guerres de ce conquérant avec Crœſus & d'autres Princes & un grand nombre d'événemens ſont amplemént marqués. En vain pour relever le mérite des Prophêtes, les Commentateurs de l'Ecriture ſe récrient ſur leur clarté & ſur leur exactitude qui va juſqu'à déſigner les gens par leurs noms des ſiecles entiers avant leur naiſſance. Les incrédules marchant ſur les traces de Porphire & de Celſe, refuſent opiniâtrément de donner à ces hommes divins le titre de Prophêtes, & ne veulent leur accorder que celui d'hiſtoriens. Avant que d'avoir lu, diſent-ils, nous ne faiſions pas aſſez de cas de ces ſortes d'écrits, mais après les avoir lus nous convenons qu'on peut les regarder comme des ouvrages inſtructifs & comme des hiſtoires qui ont leur utilité ; mais laiſſons-là les railleries prophanes des incrédules, & achevons ce qui nous reſte à dire ſur le Meſſie que les Juifs attendoient.

Nons venons de voir que les Juifs n'ont jamais fait d'attention aux prophéties qui annonçoient Jéſus-Chriſt, ni aux marques caractériſtiques auxquelles ils devoient reconnoître ce libérateur. Or Jésus-Christ étant le vrai & unique Messie que Dieu eût promis aux Juifs, & les prophéties qui l'annonçoient étant les seules qui pussent autoriser son attente, il est aisé de conclure que les Juifs n'attendoient point le Messie qui leur étoit promis & qu'ils devoient seuls attendre : sur quoi donc peut être fondée l'opinion générale qui attribue aux Juifs contemporains de Jésus - Christ l'attente prochaine d'un libérateur? La chose n'est pas difficile à concevoir. Ce peuple chéri de Dieu ayant souvent éprouvé les effets de sa protection singuliere dans des tems de tribulation , pouvoit naturellement se promettre que Dieu qui ne l'avoit jamais abandonné le délivreroit encore de la tyrannie étrangere sous laquelle il étoit alors assujetti; sans remonter à ces anciens Héros que Dieu avoit suscités au tems des Juges d'Israël pour délivrer son peuple des Philistins & de ses autres ennemis, les Juifs avoient dans Cyrus & dans Judas Machabée des exemples plus récens & plus éclatans de la protection du Ciel. Le premier avoit rompu leurs chaînes après soixante-dix ans de captivité , l'autre par sa valeur avoit contre toute apparence affranchi ses freres de la

H 4

cruelle servitude d'Antiochus Epiphane.

Les termes magnifiques dans lesquels les Prophètes avoient annoncé ces deux libérateurs devoient faire une forte impression sur l'esprit des Juifs. ,, J'ai fait ,, sortir le juste de l'Orient, dit Dieu ,, même par la bouche d'Isaïe; j'ai ter- ,, rassé les peuples devant lui, je l'ai ,, rendu le maître des Rois; j'ai appel- ,, lé *Cyrus* par son nom, il est pasteur de ,, mon peuple, il est mon Christ que ,, j'ai pris par la main pour lui assujettir ,, les nations, à cause de Jacob qui est ,, mon serviteur & d'Israël qui est mon élu. ,, Jérusalem sera rebâtie, le temple sera ,, fondé de nouveau : Cieux ! envoyez ,, d'en haut votre rosée, que les nues ,, fassent descendre le juste comme une ,, pluye; que la terre s'ouvre & qu'elle ,, germe le *Sauveur*. Qui est celui qui ,, vient d'Edom, dit le même Prophête ,, en désignant Judas Machabée ? Quel ,, est le conquérant dont la robe est ,, teinte de sang & dont la marche est si ,, terrible? C'est moi qui viens pour dé- ,, fendre & pour sauver : j'ai dans mon ,, cœur le jour de la vengeance ; le ,, tems de délivrer mes freres est venu, ,, personne ne m'a donné du secours, ,, mon bras seul m'a sauvé, ma colere

„ m'a foutenu, j'ai foulé aux pieds le
„ peuple dans ma fureur, & j'ai ren-
„ verfé leurs forces par terre. Je chan-
„ terai fans ceffe les louanges du Sei-
„ gneur pour tous les biens dont il a
„ comblé la Maifon d'Ifraël depuis le
„ commencement du monde. L'œil n'a
„ point vû, l'oreille n'a point entendu
„ ce que Dieu a préparé à ceux qui l'at-
„ tendoient."

Outre cela, les promeffes autentiques
que Dieu avoit faites à fon peuple une
infinité de fois de ne jamais l'abandonner, de lui tendre les bras dès qu'il auroit recours à lui avec un cœur humilié ; les affurances qu'il avoit données par
la bouche de fes Prophêtes, que le temple rebâti par ordre de Cyrus, alloit être
le lieu où Ifraël le glorifieroit dans tous
les fiecles ; ces promeffes, ces affurances
fi pofitives devoient autorifer les Juifs
dans l'efpérance d'un prochain libérateur : cependant il faut convenir que ce
libérateur n'étoit point expreffément annoncé par les Prophêtes. Toutes les
prophéties fans exception fe terminerent
à Judas Machabée, au moins quant au
fens littéral, & ce n'eft qu'en étendant
le fens des prophéties, c'eft-à-dire, ce
n'eft qu'en faifant l'application de la

même prophétie à plusieurs événemens différens que les Juifs pouvoient fonder leur prochaine délivrance. Mais cette nation toute livrée à l'esprit allégorique ne se faisoit point alors une affaire de ces sortes d'applications multipliées. Depuis le retour de la captivité les Juifs n'avoient point eu de Prophêtes parmi eux ; cette disette les avoit mis dans la nécessité de se servir en toutes occasions des anciennes prophéties & de les appliquer dans leur besoin à tout ce qui leur plaisoit sans avoir égard au sens primitif & littéral que ces prophéties pouvoient avoir. C'étoit même un axiome établi chez eux que le nombre des sens de l'Ecriture est infini, & qu'on les découvre à proportion qu'on a plus ou moins d'intelligence. Ainsi les Juifs sans avoir une prophétie expresse qui leur annonçât une délivrance prochaine de la tyrannie d'Hérode ou de la domination Romaine pouvoient néanmoins se flatter de cette délivrance, fondés en cela sur les promesses autentiques que Dieu leur avoit faites de ne jamais les abandonner, & sur l'application qu'ils pouvoient faire des anciennes au besoin où ils se trouvoient alors d'un divin libérateur.

Mais il faut ajouter que sans une espece de miracle les Juifs ne pouvoient se promettre un Meffie ou un libérateur femblable à Jéfus-Chrift.

Les prophéties qui défignent le Sauveur myftique dans la baffeffe & dans les opprobres font en fi petit nombre, font fi obfcures par rapport à lui, & avoient un fens littéral fi clair & fi connu des Juifs, qu'ils ne pouvoient fans une révélation particuliere de Dieu en faire l'application à leur Meffie : tout au contraire celles qui leur avoient annoncé un Sauveur glorieux, tel que Judas Machabée, & fur-tout Cyrus, font fi étendues, fi répétées, fi marquées, les expreffions en font fi magnifiques & fi frappantes, & le fens en eft fi clair, qu'ils ne pouvoient fans une autre efpece de miracle ne pas attendre un pareil Meffie. En effet celui qu'on fuppofe que les Juifs attendoient au tems de Jéfus-Chrift eft un Meffie glorieux & triomphant qui devoit les délivrer de leurs ennemis d'une maniere éclatante, & cette nation n'en attend point d'autre aujourd'hui.

Dieu, difent les Juifs pour juftifier leur opinion, peut faire des miracles, mais il n'en fera jamais d'abfurdes. Le renverfement des idées les plus naturelles ne peut convenir à Dieu qui est la souveraine raison. Or nous ne pouvons reconnoître Jésus-Christ pour le Messie, ni cesser d'attendre un libérateur glorieux sans donner aux livres saints un sens forcé qui renverse les idées les plus connues. Les Chrétiens traitent de folie l'espérance où nous vivons depuis tant de siecles de voir arriver un libérateur: notre simplicité néanmoins est conforme à l'Ecriture & au sens commun, au lieu que nos adversaires s'écartent de l'un & de l'autre ; mais une misérable prévention les empêche eux-mêmes de sentir leur erreur.

Voici donc la maniere dont les Juifs pensoient au tems de Jésus-Christ sur le Messie. Ce peuple chéri que Dieu avoit toujours favorisé, qu'il avoit autentiquement assuré d'une protection éternelle, à qui il avoit clairement fait entendre par la bouche de ses Prophêtes que Jérusalem ne seroit plus foulée par les nations, & que le temple réédifié alloit être dans tous les siecles le séjour de sa gloire ; ce peuple sans doute devoit être dans une entiere confiance que Dieu fidelle à ses promesses ne l'abandonneroit point, & qu'il le délivreroit bientôt du joug étranger sous lequel il étoit affujetti. Cette confiance fondée fur les promeffes autentiques du Dieu qu'ils adoroient étoit commune à tous les Juifs, & il ne paroît pas que l'opinion générale de la nation fur le Meffie fût autre chofe qu'une confiance vague & indéterminée dans la protection du ciel dont ils efpéroient leur délivrance.

A la vérité comme l'ufage étoit établi alors d'interpréter les Ecritures d'une maniere arbitraire, il faut convenir que plufieurs d'entre les Juifs purent faire l'application des anciennes prophéties qui avoient annoncé Cyrus ou Judas Machabée, au befoin préfent qu'ils avoient d'un libérateur. Quelques-uns même d'une imagination plus vive & plus échauffée que les autres purent paffer jufqu'à la perfuafion & à la certitude que ce libérateur alloit inceffamment paroître ainfi qu'il arriva au tems de Vefpafien; mais ces applications arbitraires de l'Ecriture, cette certitude, cette perfuafion de l'arrivée du Meffie, n'étoient que des opinions particulieres de quelques efprits impatiens qui trouvoient dans leur imagination les fecours que Dieu tardoit trop à leur envoyer; & comme nous venons de le dire, tout le refte de la nation Juive attendoit ce fecours d'une maniere qui n'avoit rien de fixe ni de déterminé.

Après la deſtruction de l'Etat Judaïque, les Juifs réduits dans la derniere miſere, ſe trouverent plus que jamais dans le beſoin d'un libérateur céleſte. Il eſt ordinaire aux hommes lorſque tous les moyens humains leur ſont ôtés pour ſe délivrer de leurs maux de mettre entiérement leur confiance dans les moyens ſurnaturels. L'attente du Meſſie qui avant la priſe de Jéruſalem n'étoit chez les Juifs qu'une eſpérance vague & indéterminée de la protection divine, devint bientôt une opinion conſtante & une perſuaſion vive dans toute la nation de voir inceſſamment arriver ce libérateur. L'extrême miſere des Juifs ne fut pourtant ni la ſeule ni la principale cauſe de cette opinion; l'établiſſement du Chriſtianiſme y eut encore plus de part; les Chrétiens qui annonçoient un Meſſie nouvellement arrivé, qui répandoient une nouvelle doctrine dont les principes ſappoient le Judaïſme, irriterent les Juifs & remplirent en même tems tous les eſprits de l'idée du Meſſie. Les diſciples de Jéſus-Chriſt auſſi bien que leurs adverſaires étant également échauffés de cette idée, il ne fut plus queſtion entre

eux que des difputes fur les prophéties &
fur les marques auxquelles on devoit reconnoître le Chrift. C'eft alors que les
Juifs dont la mifere étoit extrême, &
dont l'efprit étoit rempli de l'idée d'un
libérateur, commencerent généralement
& fans exception à s'en promettre un,
& ce libérateur eft le Meffie qu'ils attendent encore aujourd'hui avec une foi
vive & une efpérance ferme que dix-
fept fiecles de retardement n'ont pu ral-
lentir.

F I N.

RÉFLEXIONS IMPARTIALES

SUR

L'EVANGILE.

Par feu M. DE MIRABAUD,

Sécrétaire perpétuel de l'Académie Françoise.

LONDRES

MDCCLXIX.

REFLEXIONS IMPARTIALES

SUR

L'EVANGILE.

NOUS ne connoissons l'histoire de la vie de Jésus-Christ, que par les ouvrages que plusieurs de ses Disciples publièrent quelques années après sa mort, le nombre des Chrétiens s'étant assez multiplié pour que la plus grande partie d'entre eux n'eût jamais connu le chef de la religion qu'ils avoient embrassée. On vit paroître divers récits historiques contenant un abrégé des paroles & des actions du Sauveur. Ces petits écrits avoient pour titre *Evangile* ou *Heureuse Nouvelle*; c'est ainsi que les premiers Chrétiens nommoient la doctrine que leur maître étoit venu annoncer aux hommes, & qu'ils continuèrent eux-mêmes d'annoncer après sa mort & de répandre par-tout.

Il est certain que le nombre de ces histoires publiées peu après la mort de Jésus-Christ devoit être grand. St. Jérôme, au tems de qui la plupart de ces ouvrages subsistoient encore, nous en assure. Tous les Ecrivains des premiers siecles de l'Eglise en font foi, & St. Luc le marque si positivement à la tête de son Evangile que quand nous n'aurions sur cela d'autre témoignage que le sien, il ne nous seroit pas permis d'en douter : *puisque beaucoup de personnes ont entrepris d'écrire l'histoire de ce qui s'est passé parmi nous*, dit St. Luc, (1) *j'ai jugé à propos de faire la même chose après m'être fait instruire de tout avec soin, par ceux qui en ont été témoins oculaires*. Sur quoi il est bon d'observer que ceux qui ne connoissent l'Evangile que par des traductions Françoises ne font pas ordinairement frappés des témoignages positifs que St. Luc rend ici à la multiplicité des Evangélistes. *Quando quidem multi conati sunt ordinare narrationem, quæ in nobis completæ sunt, rerum : visum est mihi* &c. Luc Cap. I. parce qu'il a plu aux traducteurs François

(1) Quoniam quidem multi conati sunt ordinare narrationem, quæ in nobis completæ sunt, rerum : sicut tradiderunt nobis, qui ab initio ipsi viderunt, & Ministri fuerunt sermonis : visum est & mihi, assecuto omnia a principio diligenter, ex ordine tibi scribere, optime Theophile. ut cognoscas eorum verborum, de quibus eruditus es, veritatem. Luc. Cap. I. verset. 1. & seqq.

de rendre le terme original πολλοι par celui de *plufieurs* qui s'entend prefque toujours en notre langue d'un affez petit nombre, au lieu que le Grec πολλοι & le Latin *multi* qui y répond étant oppofé à παῦροι & *pauci* ne fçauroit avoir cette fignification. Les traducteurs en ont apparemment ufé ainfi, pour écarter de l'efprit des lecteurs une idée fcandaleufe que cette multiplicité d'Evangiles auroit fait naître. La plupart de ces hiftoires Evangéliques étoient attribuées à des perfonnes illuftres dans le Chriftianifme. C'étoit ou des Apôtres ou des Difciples diftingués de Jéfus-Chrift qu'on affuroit en être les auteurs, & dans l'enfance de l'Eglife les Chrétiens à l'ufage de qui elles étoient écrites ne doutoient pas qu'elles ne fuffent véritablement de ceux dont elles portoient le nom. Outre les Evangiles de St. Mathieu, de St. Luc & de St. Jean, on en attribuoit à St. Pierre, à St. Paul, à St. André, à St. Thomas, à St. Jacques, à St. Philippe, à St. Barthélemy, à St. Mathias; il y en avoit un écrit fous le nom des douze Apôtres: il y avoit un Evangile felon les Hébreux ou les Nazaréens, un autre felon les Egyptiens; & quelques critiques prétendent que ces deux derniers font les plus anciens de tous.

Le Chriftianifme fut en difcorde avec lui-même dès le moment de fa naiffance, & plufieurs de fes enfans indociles fabriquerent divers Evangiles conformément à leur goût & à leurs préjugés.

Ebion, Cérinte, Bafilide, Marcion, Appelle, les Gnoftiques, les Carpocratiens, les Valentiniens &c. en publierent qui autorifoient leurs dogmes; il y en eut même d'affez vifionnaires pour ne pas exclure le perfide Judas du nombre des Evangéliftes. En effet il parut un Evangile fous fon nom auffi bien que fous celui des autres Apôtres (2). Mais fur-tout ce devoit être une chofe très-curieufe que l'ouvrage dont parle St. Epiphane fous le titre d'*Evangile d'Eve* à l'ufage de certains Gnoftiques. (3)

(2) Certains fous de la primitive Eglife, qu'on nommoit Caïnites, parce qu'ils regardoient Caïn comme un grand perfonnage auffi bien qu'Efaü, Coré & les Sodomites, fe fervoient de l'Evangile de Judas qui étoit felon eux le premier des Apôtres.

(3) Ils croyoient qu'Eve étoit très-éclairée, & qu'elle avoit appris du Seigneur de fort belles chofes. C'eft de leurs idées extravagantes qu'un auteur a pris ce qu'il a fait imprimer dans ce dernier tems fur le péché originel. Les Gnoftiques avoient

Enfin fans parler de l'Evangile de Nicodême, de celui de St. Barnabé & de quelques autres qu'on regarde peut-être un peu légérement comme des ouvrages poftérieurs aux premiers fiecles, parce qu'ils n'ont pas été cités des anciens, il parut dans ce tems-là un Evangile qui ne contenoit que l'hiftoire des premieres années de Jéfus-Chrift fous le titre d'*Evangile de l'Enfance*, & un autre ouvrage qui ne contenoit pareillement que l'hiftoire des premieres années de la Vierge fous le titre de *livre de la Nativité de Marie* (4).

On fait monter le nombre de tous ces différens Evangiles à près de cinquante, & de ce nombre il y en a au moins trente qui font de la premiere antiquité. Il eft vrai qu'on ne remarquoit pas dans ces ouvrages une grande conformité ni quant aux faits ni quant aux dogmes. Entre les premiers Chrétiens les uns re-

auffi d'autres Evangiles fous le nom des Difciples de Jéfus-Chrift, & des livres qu'ils attribuoient à Adam & à Seth.

(4) Ces Evangiles n'en ont peut-être pas pour cela moins d'antiquité, les anciens n'ayant ordinairement pas fait une énumération exacte de tous ceux qui exiftoient de leur tems; comme, par exemple, St. Jérôme qui après en avoir nommé ajoute un grand nombre qu'il feroit trop long de rapporter: *quas enumerare longiffimum eft.*

gardoient Jésus-Chrift comme un pur homme, les autres prétendoient qu'il n'avoit que l'apparence de l'humanité, d'autres foutenoient qu'il étoit Dieu & homme tout enfemble, & ainfi des autres dogmes moins importans. Comme les Juifs furent d'abord les feuls qui embrafferent le Chriftianifme, & que l'esprit de fecte toujours éloigné de l'uniformité, régnoit alors chez eux à l'excès, chacun fe crut en droit de débiter la nouvelle doctrine conformément à fes préjugés particuliers.

De là vient le peu de rapport qui fe trouvoit dans ces écrits Evangéliques; de là vinrent les reproches d'erreur & d'impofture que fe faifoient mutuellement ces nouveaux fectaires. La diverfité d'opinions en matiere de religion a toujours été pour les hommes une fource de jugemens injuftes; c'eft un écueil où échouent prefque toujours les efprits même les plus modérés.

Au lieu de plaindre l'aveuglement de leurs confreres, les premiers Chrétiens ne voyoient dans des erreurs involontaires qu'impofture & malice; cependant foit orthodoxes, foit hérétiques, tous également prévenus pour leur opinion avoient un égal refpect pour les livres qui les contenoient, & un zêle égal pour les répandre.

Quoique les dogmes des Ebionites ou des Gnostiques fussent autorisés dans plusieurs de ces anciens Evangiles, il faut néanmoins convenir qu'une bonne partie des histoires Evangéliques qui parurent alors, furent publiées par des Chrétiens orthodoxes : quelques-uns de ces Evangiles sont parvenus jusqu'à nous, comme celui de l'Enfance, (5) le livre de la Nativité, le Proto-Evangile de Saint Jacques (6), l'Evangile de Nicodême &c. Nous avons de longs fragmens de plusieurs autres, & si on n'y trouve rien qui ne blesse la raison par les inepties & les extravagances dont ils sont remplis, il est au moins aussi sûr qu'on a de la peine à y trouver quelque chose qui soit contraire à la foi. D'ailleurs la préface de St. Luc que nous venons de

(5) Nous avons deux de ces Evangiles de l'Enfance, l'un Grec traduit en Latin, l'autre traduit de l'Arabe par M. Sick. Mais sans doute l'original étoit Grec aussi, puisque St. Irénée L. 1. Cap. 2. cite des faits qui ne se trouvent que dans ce dernier; il est plus long & plus étendu que l'autre.

(6) L'auteur de l'ouvrage imparfait sur St. Matthieu parle du Proto-Evangile de St. Jacques comme d'un ouvrage raisonnable & qui n'est pas indigne de lui. Ce sont ses termes.

citer semble justifier en quelque sorte les auteurs d'Evangiles qui l'ont précédé. Cet Evangéliste convient que beaucoup d'autres ont écrit avant lui. Ce n'est pas pour les réfuter qu'il prend la plume, il ne condamne ni ne désapprouve en aucune maniere ce qu'ils ont fait, mais il se croit seulement en droit de faire la même chose, parce qu'il s'est fait exactement instruire par des témoins oculaires. *Visum est & mihi.*

Il est impossible de donner la date précise du tems où ces Evangiles ont été écrits, il suffit de dire qu'ils sont presque aussi anciens les uns que les autres.

Pendant plus d'un siecle les Chrétiens usant de l'espece de liberté qui accompagne toujours un établissement nouveau & encore informe; chaque fidele admettoit pour dogme de sa foi l'histoire Evangélique qu'il trouvoit reçue dans le lieu où il étoit habitué. Le plus sçavant Chronologiste qui ait paru de nos jours a fait voir dans un ouvrage exprès que les Evangiles Canoniques aussi bien que les autres demeurerent ensévelis dans les lieux qui les avoient vu naître jusqu'au tems des conquêtes de Trajan sur les Parthes. C'est alors seulement qu'ils commencerent à être connus & à devenir publics.   A travers cette obscurité qui couvre le berceau de l'Eglise, les fideles éclairés d'une lumiere céleste ont sçu discerner les vrais Evangiles d'avec les faux, mais ceux que le flambeau de la foi ne guide point dans ces épaisses ténebres ne démêleront jamais le vrai d'avec le faux ou plutôt n'appercevront dans ces Ecrits Evangéliques d'autre conformité qu'un merveilleux outré qui révolte leur raison : ils traiteront également de fable & les Evangiles apocryphes & les vrais ouvrages des Apôtres.

Sur la fin du deuxieme siecle l'Eglise commençant à prendre forme, les Chrétiens orthodoxes commencerent en même tems à ne reconnoître que quatre Evangiles pour légitimes ; sur quoi les ennemis du nom Chrétien n'ont pas oublié de reprocher à leurs adversaires dans tous les tems, que le Christianisme commençant à se déclarer, les Chrétiens honteux de la multiplicité de ces historiettes qui couroient sous le nom d'Evangiles firent choix des quatre plus raisonnables & plus conformes entre elles, & les déclarerent seules Canoniques à l'exclusion des autres ; les Evangiles rejettés ne laisserent pas de rester entre les mains de p'uſieurs fideles, & d'être regardés avec le tems avec la même vénération qu'auparavant : Enfin tout le corps de l'Egliſe ſe rangea du parti le plus ſage, & dans le troiſieme ſiecle le Canon des Evangiles paroît avoir été généralement reçu de tous les Chrétiens orthodoxes. Ainſi tous les ouvrages dont on avoit cru auteurs les hommes les plus reſpectables de l'Egliſe naiſſante, ne furent plus regardés que comme des. productions de l'impoſture ou de l'erreur. Il eſt triſte de convenir ou que les Chrétiens rejetterent alors avec mépris les légitimes ouvrages des Apôtres, ou que dans le tems le plus pur & le plus innocent de l'Egliſe l'impoſture ou le fanatiſme ait pu ſéduire à un tel point l'eſprit des premiers fideles : cependant leur intention étoit bonne, & le zêle de Religion eſt capable de rendre les hommes de mauvaiſe foi ſans en avoir des remords, ſouvent même ſans s'en appercevoir, & les auteurs de ces faux Evangiles en ont peut-être atteſté la vérité par leur ſang.

Il faut croire que les Chrétiens du troiſieme ſiecle ont admis dans le Canon des Ecritures quatre Evangiles ſeulement parce que les autres leur ont paru ſuppoſés, c'eſt la ſeule raiſon ſenſée qu'on en puiſſe donner. Cependant Saint Irénée qui vivoit dans le tems que le Canon Evangélique fut formé, & qui eſt celui des Ecrivains Eccléſiaſtiques chez qui le nombre de quatre Evangéliſtes ſe trouve pour la premiere fois, St. Irénée, dis-je, s'appuie fort ſur d'autres raiſons qu'on trouvera moins ſolides. ,, Il y a, ,, dit-il, quatre Evangéliſtes, ni plus ni ,, moins, parce qu'il y a quatre parties ,, du monde & quatre vents principaux: ,, Car comme l'Egliſe eſt répandue par ,, toute la terre, il faut qu'elle ait qua- ,, tre colomnes qui la ſoutiennent. Dieu, ,, ajoute-t-il enſuite, eſt aſſis ſur un ,, Chérubin qui a la forme de quatre a- ,, nimaux différens, & les quatre ani- ,, maux ſont la figure de nos quatre E- ,, vangiles." Après quoi il compare ce-lui de St. Mathieu à l'homme, celui de St. Marc à l'aigle, celui de St. Luc au beuf, & celui de St. Jean au lion, con-tre l'uſage qui a prévalu depuis. Cette allégorie de St. Irénée s'eſt trouvée du goût de tous les Peres, excepté qu'ils ont un peu varié ſur l'application des ani-maux aux Evangiles; car, par exemple, St. Athanaſe applique le bœuf à St. Marc, & le lion à St. Luc. St. Auguſtn trouve que l'homme convient mieux à St. Marc & le lion à St. Matthieu. Mais St. Jérôme a rangé les choses dans l'ordre où nous les voyons aujourd'hui, & sa profonde érudition dans les Ecritures est cause apparemment que son opinion est & sera jusques à la fin la seule suivie.

L'Evangile de St. Matthieu est le premier des quatre que l'Eglise a admis dans le Canon Evangélique. Millius, dans ces amples prolégomenes qui viennent de paroître à la tête de son nouveau Testament, croit l'Evangile des Hébreux, celui des Egyptiens, & quelques autres, antérieurs à celui de St. Matthieu ; c'est une question indifférente & qui ne seroit pas aisée à résoudre. Il est aussi inutile de sçavoir si St. Matthieu a écrit en Hébreu ou en Grec, puisque supposé qu'il ait écrit en Hébreu, l'original a disparu presqu'au moment de sa naissance, & il ne nous en reste que la traduction Grecque. Selon Millius l'Evangile de St. Matthieu n'a été écrit que l'an 61. de Jésus-Christ, 28. ans après sa mort. Ce même auteur place l'Evangile de St. Marc deux ans après celui de St. Matthieu, l'Evangile de St. Luc un an après celui de St. Marc, & l'Evangile de St. Jean l'an 97. c'est-à-dire 64.

ans après la paſſion du Sauveur.

Quelques Peres ont avancé que Saint Matthieu écrivit ſon Evangile ſix ans ſeulement après la mort de Jéſus-Chriſt; mais ils n'appuyent leur opinion d'aucune preuve, & ils ſe fondent uniquement ſur une prétendue tradition fort incertaine qu'un critique plus exact n'a pas oſé adopter. Aprés tout, Millius quoiqu'un des plus profonds de ceux qui ont travaillé ſur le nouveau Teſtament, n'a apparemment pas mieux rencontré dans ſes conjectures. Il faut avouer, comme nous avons déjà dit, que le premier ſiecle de l'Egliſe a enveloppé tout cela d'un nuage épais qui ſera toujours impénétrable aux critiques ; & malheureuſement l'épaiſſeur de ce nuage, en cachant aux hommes le point fondamental de la Foi Chrétienne, c'eſt-à-dire la qualité des auteurs Evangéliques ainſi que le tems où ils ont écrit, ſervira éternellement d'azile à l'incrédulité.

Les Apôtres & tous les diſciples de Jéſus-Chriſt étoient Juifs. Quand l'hiſtoire Evangélique ne nous apprendroit pas la dignité de St. Matthieu ni la place qu'il a tenue parmi les Apôtres, le ſtyle de cet Evangéliſte nous feroit aiſément connoître ſon pays. Quoique l'eſprit Judaïque se remarque aussi dans les autres Evangélistes, c'est particuliérement dans St. Matthieu qu'il est le plus sensible. L'allégorie, l'allusion perpétuelle aux Ecritures régnent chez lui depuis le commencement jusqu'à la fin. Le goût qu'il a pour les applications mystiques se déclare dès l'entrée même de son ouvrage dans la Généalogie de Jésus-Christ, que l'Evangéliste fait descendre d'Abraham, de David & de tous les Rois de Juda par Salomon. Comme il y avoit au sçu de tous les Juifs quatorze générations depuis Abraham jusqu'à David, St. Matthieu trouvant sans doute quelque chose de mystérieux dans ce nombre de deux fois sept, entreprend de ne compter que quatorze générations depuis David jusqu'à la captivité de Babylone, & le même nombre précis de quatorze générations depuis la captivité de Babylone jusqu'à Jésus-Christ ; après quoi de peur qu'en lisant tout de suite cette généalogie on n'eût pas fait d'attention au mystere caché sous ce nombre, l'Evangéliste fait lui-même cette remarque : „ Ainsi, dit-il, (7) il y a „ quatorze générations depuis Abraham „ jusqu'à David, quatorze depuis Da-

(7) Matthieu I. 17.

„ vid jufqu'à la captivité de Babylone,
„ & depuis la captivité de Babylone juf-
„ qu'à Jéfus-Chrift, quatorze.

On ne conçoit pas quelle a pu être l'idée de St. Matthieu dans cette remar-que que les profanes ont toujours trai-tée d'affectation puérile; outre que felon l'Evangélifte même le nombre de trois fois quatorze ne fe rencontre pas dans fon calcul, & qu'on eft obligé de comp-ter deux fois le même homme pour le faire quadrer jufte. Ce qui a embarraf-fé le plus la foi des fideles, c'eft que St. Matthieu a été obligé en faveur de fon myftere de démentir l'Ecriture & de fauter un intervalle de 77. ans, en fai-fant Joram pere d'Ozias, quoiqu'il ne fût que fon bizaïeul. D'ailleurs on con-çoit encore moins comment dans un efpace de 600. ans, c'eft-à-dire depuis la Captivité jufqu'à Jéfus-Chrift, il n'y auroit que treize générations, d'autant plus que St. Luc qui donne une généa-logie de Jéfus-Chrift toute différente de celle de St. Matthieu, n'en compte pas moins de 22. dans le même intervalle.

Les actions & les paroles de Jéfus-Chrift qui paroiffent les plus indifféren-tes, font prefque toujours rapportées dans l'Evangile de St. Matthieu pour l'accompliſſement de quelque prophétie, & il faut avouer qu'on a bien ſouvent beſoin des yeux de la foi pour appercevoir la juſteſſe de ſes applications allégoriques. Si Jéſus-Chriſt, par exemple, revient d'Egypte après la mort d'Hérode, *c'eſt*, dit (8) St. Matthieu, *afin que cette parole de l'Ecriture s'accompliſſe*, *j'ai rappellé mon fils d'Egypte:* événement que les Juifs ſçavoient être arrivé il y avoit plus de 1500. ans & dont l'Evangile fait une prophétie. Si Jéſus-Chriſt s'établit enſuite à Nazareth, c'eſt parce qu'il eſt écrit (9) *il ſera appellé Nazaréen*; ce qui ſignifie en langage de l'Ecriture, il ſera conſacré à Dieu, & ne boira rien de ce qui peut enivrer : choſe qui avoit été dite de Samſon, de Samuel &c. & qui ne pouvoit s'entendre de Jéſus-Chriſt (qui buvoit du vin) que par une alluſion forcée qui n'étoit fondée que ſur la vraiſemblance des termes. Ce premier Chapitre de St. Matthieu nous fournit ſeul cet exemple. Il en eſt ainſi à-peu-près des autres applications qu'il fait aux Ecritures dans le cours de ſon Evangile; on peut dire qu'elles ſont une pierre d'achop-

(8) Cap. 2. verſet 15.
(9) Mathieu II. 23.

choppement pour les esprits indociles &
une occasion perpétuelle aux fideles de
soumettre leur entendement sous l'obéis-
sance de la foi.

Il y a tant de conformité entre l'E-
vangile de St. Matthieu & celui de St.
Marc, qu'on a de la peine à s'empêcher
de les confondre, & à ne pas regarder
ces deux Evangiles comme un même
ouvrage. (10) L'Eglise ordonne aux fideles de les distinguer ; les commentateurs tâchent de sauver ainsi cette conformité trop sensible, ils supposent que
St. Matthieu écrivit son Evangile en
Hébreu, que St. Marc qui avoit l'original de St. Matthieu en fit une espece
de traduction Grecque, mais d'une maniere un peu libre, c'est-à- dire en omet-
tant certaines choses & en ajoutant quelques circonstances peu considérables.

(10) *Marcus videtur Matthæum subsequi, quasi
pedissequus ejus, & abbreviator.* August. de conf.
Evangel. Lib. I. Cap. I.   ,, Il semble , dit Ber-
,, nard, que St. Marc avoit vu l'Evangile selon
,, St. Matthieu, quand il composa le sien , & que
,, St. Luc les avoit vus tous deux , ou que du
,, moins il en avoit ouï parler : à moins qu'on
,, ne veuille dire que dans la préface de son E-
,, vangile, il a égard à quelques autres Histoires
,, de Jésus-Christ qui avoient paru." Nouvel. de
la Républiq. des Lettres. Août 1708. pag. 133.
tom. 44.

Quelque tems après, supposent encore les Commentateurs, le même original Hébreu de St. Matthieu fut traduit en Grec littéralement, & celui qui fit cette traduction ayant en mains l'Evangile Grec de St. Marc se servit de ses termes & de ses phrases. De là vient, dit-on, cette grande conformité qui se trouve entre St. Marc & St. Matthieu, non seulement quant aux choses, mais encore quant aux expressions. Les incrédules qui d'ailleurs s'intéressent assez peu à la distinction de ces deux Evangiles, ne laissent pas de sentir le foible d'une explication que les Commentateurs n'appuient d'aucune preuve, elle leur paroît un pur systême, & ils n'apperçoivent de différence entre l'Evangile de St. Matthieu & celui de St. Marc, qu'en ce que celui-ci est un peu plus court que l'autre, St. Marc ayant plus omis de choses rapportées par St. Matthieu qu'il n'en a ajouté d'autres.

Si St. Marc a suivi avec tant d'exactitude l'Evangile de St. Matthieu, qu'il semble l'avoir traduit presque mot à mot, on ne peut pas dire la même chose de St. Luc. Celui-ci ne s'est point fait un scrupule de s'écarter des Evangélistes qui avoient écrit avant lui; s'étant fait inftruire de toutes chofes avec foin par les Apôtres mêmes & par ceux qui dès le commencement avoient été témoins oculaires de ce qu'il alloit écrire, il commence fon hiftoire par le merveilleux qui a précédé la naiffance de Jéfus-Chrift, qui fans doute méritoit bien de n'être pas omis par Saint Matthieu, la naiffance miraculeufe de Saint Jean-Baptifte, les Prophéties de Zacharie, d'Elizabeth, de Simon, d'Anne, l'adoration des Pafteurs qui fut précédée d'un miracle, la fageffe & la fcience de Jéfus-Chrift qui dans fon enfance fut l'admiration des Docteurs affemblés dans le temple de Jérufalem ; toutes ces merveilles fembloient mériter que St. Matthieu en fît quelque mention, elles annonçoient de plus grands prodiges que Jéfus-Chrift devoit opérer, & elles auroient préparé l'efprit des Docteurs à cette fuite continuelle de miracles qui accompagnent les dernieres années de fa vie. A la vérité Saint Matthieu parle d'un fait qui fuivit la naiffance de Jéfus-Chrift dont St. Luc ne fait point mention ; c'eft l'adoration des Mages qu'une étoile miraculeufe conduifit en Bethléem, ce qui donna lieu à la barbare défenfe d'Hérode & au maffacre des Innocens.

K 2

On eſt ſurpris que St. Luc ſi bien instruit de toutes choſes dès le commencement, & qui entre dans un ſi grand détail ſur l'enfance de Jéſus-Chriſt, ait pu
omettre un fait ſi conſidérable, & qui
avoit dû faire tant de bruit dans la Judée; cependant ou St. Luc l'ignora, ou
il n'a pas daigné le rapporter, & le dernier paroît même plus vraiſemblable que
l'autre; car enfin quelques efforts que
faſſent les Commentateurs pour accorder
St. Luc avec St. Matthieu ſur le tems
de la naiſſance de Jéſus-Chriſt, il eſt im-
poſſible de les concilier ſur ce point. St.
Matthieu fait naître Jéſus-Chriſt ſur la
fin du régne d'Hérode, Saint Luc au
contraire place ſa naiſſance au tems du
dénombrement que Cyrénius Gouverneur de Syrie fit dans la Judée par ordre d'Auguſte, & ce dénombrement à
l'occaſion duquel l'Evangile fait aller
Joſeph & Marie en Bethléem n'arriva
qu'après la réunion de la Judée à l'Empire Romain, la dixieme & derniere année du régne d'Archelaüs Succeſſeur
d'Hérode, ainſi que Joſeph le remarque
expreſſément. St. Luc a donc pu omettre à deſſein un fait qui lui paroiſſoit
chimérique, puiſqu'il devoit s'être paſſé
dix ans avant le tems où il place la nais-

fance de Jéfus-Chrift.

Mais ce qui fait encore foupçonner plus fortement que St. Luc ne connoiffoit point l'Evangile de St. Matthieu, ou au moins qu'il fe croyoit mieux informé que lui, ce font les généalogies différentes que ces Evangéliftes font de Jéfus-Chrift, dans lefquelles hors David, Salathiel, Zorobabel, on ne voit point deux noms qui fe reffemblent. Nous avons dit que St. Matthieu fait defcendre Jéfus-Chrift de David, de Salomon & de tous les Rois de Juda; St. Luc fait auffi remonter fes ancêtres jufqu'à David, mais par Nathan & un autre de fes enfans dont la poftérité ne régna point. C'eft ici véritablement que les fideles ont befoin de cette fimplicité fans laquelle on ne peut entrer dans le Royaume du ciel, & que les Commentateurs au contraire font obligés d'employer toute la fubtilité dont l'efprit humain eft capable pour fauver une contradiction fi manifefte: encore ne le font-ils qu'en bâtiffant un fyftème compofé de plufieurs fuppofitions les unes fur les autres, qui paroiffent non feulement dénuées de preuves, mais même de toute vraifemblance.

L'opinion la plus reçue, c'eft que

Saint Luc a voulu décrire la généalogie de Jésus-Christ par la Vierge, au lieu que St. Matthieu a écrit celle de St. Joseph. Voilà déjà, dit-on, la plus grande difficulté sauvée par cette supposition; c'est ainsi qu'on prétend le prouver. St. Luc donne à Joseph Héli pour pere; or Héli est un abrégé d'Héliakim: (on sçait au reste par tradition que le pere de la Vierge s'appelloit Joachim & non Eliakim;) il s'enfuit que cet Héli que l'Evangéliste dit avoir été pere de Joseph étoit véritablement pere de Marie son Epouse. A la vérité St. Luc dit bien nettement que Joseph étoit fils d'Héli, mais il a voulu faire entendre par là qu'il étoit son beau-fils ou le mari de sa fille. Les Commentateurs n'ont-ils pas senti que de pareilles subtilités avec lesquelles on peut faire dire aux Evangélistes tout ce qu'on veut sont également propres à scandaliser la foi des simples, & à donner lieu aux railleries des profanes?

Cependant les difficultés ne sont pas encore levées par ce systême, les noms de Salathiel & de Zorobabel qui se rencontrent au milieu des deux généalogies embarrassent toujours, & si on donne deux fils à Zorobabel, de l'un desquels

on suppose Joseph descendu , & Marie
de l'autre , on ne sçait comment faire
pour donner deux peres à Salathiel que
Saint Matthieu fait fils de Jéchonias, &
St. Luc fils de Néry ; d'ailleurs la grande difficulté qui se trouve dans le nombre des générations de l'une & de l'autre généalogie oblige encore à de nouvelles suppositions.   Depuis David jusqu'à Jésus-Christ St. Matthieu ne compte que 27. générations & c'est bien peu
pour un espace de mille ans ; au lieu
que St. Luc avec plus de vraisemblance en compte 43.   Il faut, dit-on, que
les ancêtres de Joseph aient été mariés
vieux & que ceux de la Vierge l'aient
été plus jeunes ; comme si l'Ecriture ne
nous apprenoit point que plusieurs des
Rois de Juda, dont on fait descendre
Saint Joseph , ont eu dans une très-
grande jeunesse leurs enfans qui sont pareillement au nombre de ses ancêtres.

Enfin une difficulté à laquelle certainement on ne répondra jamais, c'est
que si St. Luc avoit connu l'Evangile
de St. Matthieu, ou qu'il l'eût voulu
ménager, il n'auroit pas manqué de dire
qu'il écrivoit la généalogie de Jésus-
Christ par Marie sa Mere & non par
Joseph, comme il le dit positivement.

L'Evangéliste en obfervant fur ce point ce que les hiftoriens les moins exacts ont toujours obfervé, auroit épargné aux Chrétiens bien des tortures qu'ils fe font inutilement données dès les premiers fiecles de l'Egiife pour accorder le St. Efprit avec lui-même.

Quoi qu'il en foit du deffein de St. Luc, il femble que c'eft à la généalogie de la Vierge que les Evangéliftes devoient préférablement s'attacher, puifque Jéfus-Chrift n'étoit fils de Jofeph que felon la Loi, au lieu qu'il l'étoit de Marie & felon la Loi & felon la nature; mais il falloit faire le Meffie de la race de David, & Marie apparemment n'en defcendoit pas. L'Evangile qui auroit dû le marquer, n'en dit pas le moindre mot; la tradition, dont on fe fert fi fubtilement pour prouver qu'Héli ou Joakim font le même nom, cette même tradition, dis-je, nous apprend au contraire que Marie étoit de la Tribu de Lévi. St. Epiphane, St. Grégoire de Nyffe, St. Auguftin parlent par-tout de ces hiftoires anciennes où le pere de la Vierge étoit nommé Joachim, mais ils traitent ces ouvrages avec mépris, & St. Auguftin fur-tout les rejette, parce qu'on y faifoit Joachim de la race de

Lévi. C'eft ainſi que les Commentateurs ſavent prendre dans la tradition ce
qui les accommode & laiſſer ce qui les
embarraſſe. Les Evangéliſtes ſelon toute apparence étoient dans l'opinion qu'il
ſuffiſoit que le Meſſie deſcendît également de David ; or Jéſus-Chriſt en des-
cendoit de cette maniere, puiſque Joſeph étoit ſon pere ſelon la Loi, c'eſt-à-
dire, le mari de ſa mere.

Sans nous arrêter à pluſieurs endroits
moins importans où St. Luc & les autres Evangéliſtes ſemblent ſe contredire,
& qui ont plus ou moins exercé l'eſprit
des Commentateurs, les critiques d'une
exactitude un peu ſcupuleuſe ne peuvent s'empêcher d'être choqués du peu
de conformité qu'on remarque dans les
Evangiles, quant à l'ordre & à l'arran-
gement des faits. Pourquoi le Saint Esprit qui éclairoit ces divins auteurs leur
a-t-il fait tellement négliger un point
ſi capable d'attirer la croyance des hommes ? Excepté St. Marc qui paroît avoir
ſuivi St. Matthieu pas à pas, il faut
avouer que l'ordre eſt étrangement ren-
verſé dans les deux autres Evangéliſtes ;
jamais ils n'obſervent les rems, ſouvent
ils confondent les lieux ; l'un place à la
fin ce que l'autre met au commence-

K 5

ment ; & fi on prétend les accorder, quant au fens & au fond des chofes, il n'y a qu'à jetter les yeux fur une Concordance Evangélique, pour voir la peine qu'on trouve à les concilier fur le refte.

Les Chrétiens en font aujourd'hui à deviner l'âge de Jéfus-Chrift, le nombre des années pendant lefquelles il a exercé fon miniftere, & ce qu'il a dit & fait dans le cours de fes années en particulier. Les Chronologiftes qu'on fuit fur toutes chofes font ceux qui paroiffent conjecturer le mieux. St. Luc fi bien informé de tout ne s'accorde dans fa narration ni avec St. Matthieu ni avec Saint Jean ; de forte qu'on diroit que les Evangéliftes ont écrit leur hiftoire à mefure que les chofes leur venoient dans l'efprit, fans fuite & fans égard au tems ni aux lieux. St. Luc eft cependant celui des quatre dont le ftyle reffent mieux celui d'un hiftorien ; fa maniere d'écrire paroît même fleurie, fi on la compare à celle de St. Matthieu & de St. Marc dont le ftyle fimple édifie les fideles & paroît aux profanes fort au deffous de la fimplicité. Le ftyle de St. Jean eft enflé, obfcur, énigmatique, tout reffent le myftere dans fon Evangile. Saint Luc eſt plus naturel & plus clair, ſa narration plus exacte, ſes images plus fines & plus touchantes. Rien n'eſt à comparer dans les autres Evangéliſtes aux paraboles du Samaritain, du mauvais Riche & de l'Enfant prodigue, que Saint Luc a rapportées. Puiſque le nombre de ceux qui ont entrepris l'hiſtoire de Jéſus-Chriſt étoit déjà grand au tems de St. Luc, on jugera aiſément qu'il devoit être bien plus conſidérable lorſque l'Evangile de St. Jean parut; les Chrétiens étoient alors fort multipliés, le champ étoit ouvert à tous les fideles, chacun avoit la liberté d'écrire, ou ce qu'il diſoit avoir vu, ou ce qu'il aſſuroit avoir ouï dire: quel devoit donc être le nombre de ces hiſtoires Evangéliques quarante ans après St. Luc, tems auquel on ſuppoſe que St. Jean écrivoit!

L'hiſtoire ne répandant aucune lumiere ſur le 1er. ſiecle de l'Egliſe, les Peres ont été obligés de recourir à la tradition pour connoître à-peu-près le tems auquel St. Jean publia ſon Evangile; elle leur a appris que ce Diſciple bien-aimé du Sauveur fut conſervé ſur la terre 70. ans après la mort de ſon maître, afin de rendre à la fin de ſes jours un témoignage autentique à la Divinité du

Meſſie, que ſes ennemis vouloient anéan-
tir. Ce qu'il y a de ſûr, c'eſt que l'E-
vangile de St. Jean n'a été compoſé que
bien des années après la naiſſance du
Chriſtianiſme; mais le tems précis où il
a paru eſt abſolument incertain, il eſt
caché ſous un nuage épais qui nous dé-
robe la vue du berceau de l'Egliſe. La
tradition qu'on eſt obligé de conſulter
eſt par elle - même un guide peu ſûr
puiſqu'elle autoriſe indifféremment les
fables & la vérité.

Les Anti-Trinitaires la récuſent, elle
leur paroît ſuſpecte ſur le point dont il
s'agit: ,, Les Chrétiens, *diſent-ils*, qui
,, dans la ſuite ont adopté l'Evangile de
,, St. Jean, ont peut-être fait vivre cet
,, Apôtre juſqu'à la décrépitude, afin
,, de donner quelques fondemens à leur
,, opinion; mais que St. Jean ait vieilli
,, comme on le dit, ou qu'il ſoit mort
,, plus jeune, il n'y a aucune apparence
,, qu'il ſoit auteur de l'Evangile qu'on
,, lui attribue, & cet ouvrage a dû être
,, compoſé plus de cent ans après la
,, mort de Jéſus-Chriſt." Leur conjecture eſt fondée ſur les raiſons ſuivan-
tes.

Quand on examine l'Evangile de St.
Jean avec d'autres yeux que ceux de la

foi, on apperçoit dans cet ouvrage un ſtyle ſi extraordinaire & ſi myſtérieux, des manieres de penſer ſi ſingulieres, des expreſſions ſi inuſitées parmi les Chrétiens d'alors, des dogmes ſi nouveaux, qu'on croit être tranſporté tout d'un coup à la fin du ſecond ſiecle de l'Egliſe. Qu'on liſe les Evangiles de St. Matthieu, de St. Marc, & de St. Luc, les Epitres de St. Paul, de St. Pierre & des autres Apôtres, celles même de St. Jean auſſi bien que l'Apocalypſe qui eſt ſous ſon nom; les lettres de St. Clément, de St. Barnabé, le Paſteur d'Hermas ; qu'on parcoure en un mot tous les ouvrages qui ont été faits par des Chrétiens les cent premieres années après la mort de Jéſus-Chriſt, on n'y trouvera aucune conformité, aucun rapport d'idées avec l'Evangile de St. Jean. A peine y trouve-t-on les principes du dogme Platonique ſur le Λογος ou le Verbe éternel que l'Evangéliſte expoſe dans le plus grand jour. Tout au contraire, qu'on paſſe enſuite aux Chrétiens qui ont écrit à la fin du ſecond ſiecle de l'Egliſe & dans le troiſieme, St. Jean ne leur eſt plus étranger, on reconnoît ſon ſtyle & ſes dogmes, le Chriſtianiſme s'étoit alors fait des diſciples dans l'Ecole de Platon, le Timée leur étoit devenu familier, le Verbe coéternel à Dieu, dont les Apôtres avoient ignoré jufqu'au nom, ne paroît plus dans leurs écrits qu'une même perfonne avec le fils de Marie, la Théologie Platonique entée fur la fimplicité Apoftolique ne fait plus qu'une même chofe du Fils de l'Homme & du Verbe de Dieu.

Ce n'eft pas feulement le dogme de l'incarnation du Verbe, inconnu à tous les Chrétiens du premier fiecle qui fait refufer aux Anti-Trinitaires de reconnoître St. Jean pour auteur de l'Evangile qu'on lui attribue, tout reffent, ajoutent-ils, le Platonifme dans cet ouvrage, on y remarque le ftyle obfcur, énigmatique, diffus même, fi ufité aux difciples de Platon, il n'y a qu'à lire le difcours que Jéfus-Chrift tient à Nicodême, à la Samaritaine, & fur-tout ceux qu'il tient à cette multitude qu'il venoit de nourrir miraculeufement : ces derniers font des énigmes. Ils font fi obfcurs, que les Sectes les plus fameufes du Chriftianifme difputent encore aujourd'hui fur l'interprétation qu'on doit leur donner. Les Chapitres 14. 15. 16. & 17. tout entiers font du même genre. Jéfus-Chrift parle à fes difciples de la manieré

du monde la plus abstraite; aussi les hommes simples & grossiers n'y compre-
noient-ils rien : St. Jean qui est de ce
nombre n'y comprit pas plus que les autres.   Ses lettres sur-tout, son Apoca-
lypse font voir qu'il est toujours resté
dans la même simplicité ; mais l'auteur
de l'Evangile qui s'est servi de son nom
auroit aisément tout compris. L'esprit
des Chrétiens étoit alors plus éclairé, les
figures & les énigmes Platoniques leur
étoient devenues familieres.

Au reste, nos critiques ne nient point
qu'on ne trouve beaucoup de Judaïsme
dans l'Evangile de St. Jean ; il y a un
extrême rapport entre le goût Judaïque
& le goût Platonicien ; ce qui en fait
la différence c'est la multiplicité des figures.   On n'a qu'à comparer les paraboles des autres Evangélistes avec les é-
nigmes de St. Jean, & on sentira cette
différence. Les Juifs & les Platoniciens
avoient puisé leur goût pour les allégories dans une même source ; mais ceux-
ci s'exprimoient d'une maniere plus fine
& plus abstraite, au lieu que les autres
s'en sont toujours tenus à des images
plus simples & plus basses. L'un &
l'autre goût s'apperçoit dans St. Jean,
on y remarque un mélange de Platonis-

me & de Judaïsme qui ne se trouve
pas dans les écrivains des tems Aposto-
liques : on sçait d'ailleurs que l'Evangile qui porte son nom a été écrit fort
tard, il n'en faut pas davantage pour faire conclure aux Anti-Trinitaires que cet
Evangile est l'ouvrage d'un Platonicien
Juif, devenu Chrétien dans le tems où
le Christianisme s'introduisit dans l'Ecole Platonique , c'est-à-dire plus de cent
ans après la mort de Jésus-Christ. De
plus dangereux ennemis pour l'Eglise
que les Anti-Trinitaires croient apperce-
voir dans l'Evangile de St. Jean une autre marque de sa nouveauté & de sa supposition. „ Entre les récits merveilleux
„ d'une même chose, disent les esprits-
„ forts , les derniers sont ordinairement
„ les plus étonnans & les plus outrés,
„ parce que le merveilleux va toujours
„ en augmentant à mesure qu'il s'éloigne
„ de sa source. L'expérience n'a pres-
„ que jamais démenti cette remarque.
„ Quand l'histoire & la tradition ne
„ nous apprendroient pas l'ordre dans
„ lequel les Evangélistes ont écrit , la
„ simple lecture de leurs ouvrages nous
„ l'apprendroit." St. Matthieu & St.
Marc son copiste paroissent d'abord ; ils
remplissent leurs Evangiles du récit des
mê-

mêmes miracles. St. Luc ajoute à cela tout le merveilleux qui a précédé la naissance & accompagné l'enfance de Jésus-Christ. Les deux premiers disent en termes généraux que Jésus-Christ ressuscitoit les morts, mais dans le détail ils ne lui en font ressusciter qu'un : encore semble-t-il qu'ils craignent que le miracle ne paroisse trop éclatant par les circonstances qu'ils y joignent. Jésus-Christ s'enferme avec trois de ses disciples & le pere & la mere d'une jeune fille qui venoit de mourir ; après quoi il la ressuscite & recommande bien aux assistans de n'en point parler. St. Luc au contraire lui fait ressusciter en public un mort qu'on portoit en terre. Ceux qui assistoient au convoi frappés de ce prodige s'en retournent en glorifiant Dieu & en exaltant la puissance du grand Prophête qui avoit paru parmi eux. St. Jean renchérit encore sur tout cela : les miracles de St. Matthieu & de St. Marc ne font auprès des siens que des jeux d'enfant. Saint Luc a beau dire qu'il s'est fait instruire exactement par ceux qui dès le commencement avoient été témoins oculaires ; il a beau se vanter à la tête *des Actes des Apôtres* qu'il a raconté dans son Evangile tout ce que Jésus-Christ a dit & fait de miraculeux ; cet Evangéliste si bien informé a ignoré les miracles de Jésus-Christ qui avoient fait le plus d'éclat, ceux que par conséquent on auroit dû lui apprendre les premiers & qui devoient sortir les derniers de la mémoire des hommes. Moyse, Josué, les Prophêtes avoient opéré des merveilles & des prodiges sans nombre ; mais depuis que le monde est monde on n'a jamais ouï dire qu'un homme ait rendu la vue à un aveugle-né. C'est le témoignage que rend cet aveugle lui-même à celui qui l'avoit guéri d'une maniere si éclatante. On peut voir dans l'Evangile de St. Jean le bruit que ce miracle fit à Jérusalem, & on jugera de la gloire qu'il acquit au fils de Dieu, par l'envie & la rage qu'elle excita dans le cœur de ses ennemis. Ceux d'entre les Juifs qui furent présens à la résurrection du Lazare voyant Jésus-Christ s'attendrir sur la mort de son ami, disoient (11) entre eux : *hé quoi ! celui qui a ouvert les yeux d'un aveugle-né ne pouvoit pas empêcher son ami de mourir !* tant il est vrai que

(11) Non poterat hic, qui aperuit oculo Cæci nati, facere ut hic non moreretur ! Johan. Cap. XI. verset 37.

le prodige jufqu'alors inoui les avoit frappés plus que tous les autres miracles du Sauveur. Mais ils furent témoins dans le même moment d'un autre prodige qui dut bien les frapper davantage & qui eft fans contredit le plus éclatant de tous ceux qui fe trouvent dans l'E-vangile. Il n'y a qu'à comparer la ré-furrection de la fille de Jaïre ou celle du fils de la Veuve de Naïm avec la réfurrection du Lazare pour fentir com-bien le merveilleux de celui-ci eft fu-périeur aux autres.

Le Lazare étoit dans le tombeau de-puis quatre jours, déjà infecté (12) & corrompu. Jéfus-Chrift en préfence de tous fes difciples, des deux Sœurs du mort, & d'un grand nombre de Juifs fait ouvrir le tombeau & s'écrie d'une voix forte : Lazare, fortez, *Lazare veni foras.* Auffitôt ce mort dont le corps exhaloit déjà une odeur cadavéreufe fe leve & fort du tombeau plein de vie & de fanté. C'eft alors que les ennemis de Jéfus-Chrift craignant qu'il ne triom-phât de leur haine prirent férieufement le parti de s'en défaire. Après de tels

____

(12) Domine, jam fœtet, quatridianus eft enim. Johan. XI. 39.

prodiges , difoient-ils , (13) *Si nous né nous défaifons de cet homme tout le monde croira en lui.*

Le premier miracle par lequel le Sauveur commença fa miffion (14) dut faire une forte impreffion fur l'efprit des hommes, parce que la nouveauté en toutes chofes frappe & furprend. St. Jean eft néanmoins le feul des Evangéliftes qui en ait confervé la mémoire. La guérifon étonnante d'un homme accablé depuis 38. ans de foibleffe & d'infirmité, qui fur la parole du fils de Dieu charge fon lit fur fes épaules & s'en va; en un mot le miracle & tout le merveilleux de la Pifcine probatique qui l'accompagnoit ne fe trouve que dans St. Jean. La maniere glorieufe dont l'Evangélifte fait couronner à Jéfus-Chrift fon miniftere, répond parfaitement au merveilleux dont il a accompagné le refte de fa vie. Il devoit comme un agneau fe laiffer conduire à la boucherie, mais avant que de

(13) Quia hic homo multa figna facit : Si dimittimus eum, fic omnes credent in eum. Joan. XI. 48.

(14) Changement de l'eau en vin aux noces de Cana. JEAN. CHAP. 2. VERSET. I. ET SEQQ. L'Eglife celebre ce miracle par une Commemoration particuliere le 6. Janvier.

ſe livrer entre les mains de ſes ennemis
il donne une derniere & éclatante preuve de ſa puiſſance : un mot de ſa bouche jette à la renverſe cette troupe de
Satellites qui étoient venus pour le prendre. St. Matthieu ſe contente de faire
dire à Jéſus-Chriſt dans cette occaſion :
*croyez-vous que mon Pere n'envoieroit pas
à mon ſecours, ſi je le ſouhaitois, plus de
douze légions d'anges pour me défendre ?* Sa
propre puiſſance ſelon St. Jean lui ſuffit,
ſa parole ſeule terraſſe ſes ennemis comme un coup de foudre. Enfin St. Jean
qui renchérit ſur les autres Evangéliſtes
a voulu, pour ainſi dire, renchérir encore ſur lui-même par cette hyper-
bole outrée, qui termine ſon Evangile.
„ Jéſus-Chriſt, dit-il, (15) a fait bien
„ d'autres choſes que celles qui ſont
„ compriſes dans ce volume, & ſi on
„ entreprenoit de les rapporter toutes,
„ je ne crois pas que le monde pût con-
„ tenir les livres qu'on en écriroit.”
C'eſt ainſi que cet Apôtre bien-aimé
ſoutient juſqu'à la fin le ton qu'il a pris
au commencement pour célébrer ſon

____

(15) Sunt autem & alia multa, quæ fecit Je-
ſus : quæ ſi ſcribantur per ſingula, nec ipſum
arbitror mundum capere poſſe eos qui ſcribendi
ſunt libros. Johan. Cap. ultim.

L 3

maître. Avant lui les autres Evangélistes ne nous avoient donné Jéfus-Chrift que pour un pur homme, cependant revêtu d'une puiffance furnaturelle ; St. Jean nous le repréfente comme un Dieu. Il falloit que tout répondît dans fon hiftoire à cette haute idée, il a dû proportionner le merveilleux à la fubtilité des dogmes.

On a établi à l'entrée de cet ouvrage, qu'un témoin pour être cru, doit paroître bien informé des chofes qu'il raconte, & qu'il doit outre cela être fincere & judicieux : fi ces trois qualités fe trouvent dans les Evangéliftes ou hiftoriens de Jéfus il eft Dieu, il eft notre Sauveur, fa doctrine eft la feule qui conduit au falut ; fi au contraire les Evangéliftes paroiffent privés de ces qualités effentielles à un témoin irréprochable, la Religion Chrétienne n'eft plus qu'une chimere & les profanes font autorifés dans leur incrédulité.

Ceux qui ont foumis leur entendement à la foi font bien éloignés de croire qu'on puiffe penfer défavantageufement des Ecrivains facrés, jamais ils n'ont douté de leurs lumieres ni de leur fincérité ; ils ne foupçonnent pas même qu'on puiffe former fur tout cela le

moindre doute raifonnable. Le liberti-
nage, l'ignorance, & l'aveuglement leur
paroiffent le partage de l'incrédule, c'eft
au fidele feul qu'ils croient que la vertu, la fcience & la raifon éclairée font
réfervées. Les preuves de la Religion
Chrétienne fe peuvent voir dans un
grand nombre d'ouvrages qui font entre
les mains de tout le monde ; mais comme les raifons contraires font moins connues, ou parce que les apologiftes les
ont ignorées ou parce qu'ils les ont mal
rendues, nous ne craignons pas de les
mettre ici dans tout leur jour. Si ces
raifons font trouvées foibles, on les mé-
prifera & la foi n'en fera point bleffée:
fi elles paroiffent fpécieufes, d'habiles
gens ne jugeront peut-être pas indigne
d'eux de les réfuter. Enfin ceux à qui
elles paroiffent folides ne nous feront pas
un crime de les avoir expofées.

L'Evangile comprend deux chofes qui
demandent l'une & l'autre une difcuf-
fion particuliere, les faits & les dogmes. C'eft fur ce double fondement
qu'eft élevé l'édifice Chrétien, de maniere pourtant que l'une de ces chofes
eft fubordonnée à l'autre. Le dogmatique dépend abfolument de l'hiftorique
dont il fuppofe l'exactitude. Exami-

nons féparément ces deux chofes qui
font la bafe de la Foi Chrétienne : en
jugera par cet examen fi l'Evangile mérite la croyance des hommes & s'il eft
digne de leurs refpects.

L'hiftoire Evangélique nous apprend
que l'an 15. de Tibere, c'eft-à-dire plufieurs années après que la Judée eut été
réunie à l'Empire Romain, il parut
dans cette Province un homme nommé
Jéfus, fils. à ce qu'on croyoit, d'un
pauvre artifan du Bourg de Nazareth en
Galilée. La naiffance de cet homme
étoit toute divine : une fille Vierge l'a-
voit mis au monde; des prodiges étonnans avoient précédé & fuivi cette merveilleufe naiffance. Jéfus, après avoir
mené une vie obfcure dans la maifon de
fon pere, âgé environ de 30. ans, fe
produit en public prèchant une morale
nouvelle auftere, annonçant des dogmes
nouveaux, déclamant avec force contre
les abus des Pharifiens qui étoient alors
la Secte dominante chez les Juifs. Le
nouveau réformateur foutient & autorife
fa doctrine par une foule de miracles
plus éclatans les uns que les autres. Il
commande aux vents & aux tempêtes;
il guérit les maladies les plus incura-
bles, il délivre les poffédés, & rend la

vue aux aveugles-nés ; il reſſuſcite les morts ; enfin depuis qu'il a commencé à paroître, chaque inſtant de ſa vie eſt marqué par un prodige. Une doctrine ſi bien ſoutenue avoit attaché à ſa perſonne pluſieurs diſciples : cependant les Phariſiens outrés de ſes invectives jurent ſa perte : ils le font arrêter comme un ſéditieux & le font condamner à mort par le Gouverneur de Jéruſalem. Jéſus eſt crucifié, il meurt entre deux brigands comme un brigand lui-même ; mais le troiſieme jour il ſort du tombeau victorieux de la mort & de ſes ennemis ; il ſe montre enſuite pluſieurs fois à ſes diſciples, enfin il monte au ciel en leur préſence quarante jours après ſa réſurrection.

Voilà ce que l'Evangile nous apprend de Jéſus-Chriſt ; mais qu'eſt-ce que l'Evangile, continuent les incrédules ? C'eſt ce qu'il faut examiner.

Les premiers Chrétiens qui aient paru dans le monde étoient tous Juifs de naiſſance & de religion, c'eſt-à-dire qu'ils tiroient tous leur origine d'un pays où le fanatiſme avoit jetté de profondes racines, & du peuple le plus mépriſable aux yeux des hommes, quoiqu'il ſe crût cher aux yeux de Dieu. Ne pas convenir que les Juifs furent regardés comme une nation d'une crédulité aveugle & dans qui l'amour du merveilleux étoit, pour ainsi dire, inné, tant il paroissoit en constituer le principal caractere, ce seroit démentir toute l'antiquité.

C'est parmi les hommes les plus vils & les plus grossiers de cette nation qu'on vit paroître les premiers sectateurs du Christianisme ; Dieu, dit-on, les avoit choisis exprès *pour confondre l'orgueil des sages.* Mais il n'est pas question de recourir ici au mystere ; ne nous écartons pas du fait, puisque c'est de lui seul que ce mystere doit tirer sa source. Tout étoit simple, tout étoit grossier, tout étoit bas dans les premiers Chrétiens : le fils de David n'étoit pas lui-même d'un état plus florissant que ses Apôtres.

On vit donc paroître en Judée quelque tems avant la destruction de Jérusalem une sécte composée pour la plus grande partie de la lie du peuple Juif. Ces hommes se disoient disciples d'un nommé *Jésus*, qui après avoir fait pendant sa vie une multitude incroyable de miracles étoit ressuscité après sa mort. D'abord ils attirerent à leur parti plusieurs de leurs compatriotes de même condition & de même caractere. Enfuite ils admirent les incirconcis dans leur fecte ; & comme les Juifs étoient répandus par tout le monde & que cette nation avoit alors un grand zêle pour faire des Profélytes , il paroît que les nouveaux Sectaires, épris du même zêle , firent pareillement un nombre de Profélites affez confidérable. Il n'y a rien jufqu'ici dont les Chrétiens les plus fcrupuleux ne puiffent convenir. Il n'en fera pas de même du refte.

La Secte Chrétienne ayant pullulé, le chef de cette Secte devint beaucoup plus célebre après fa mort qu'il n'avoit été pendant fa vie. Nous verrons bientôt par le filence univerfel des contemporains de Jéfus-Chrift, que cet homme merveilleux n'a pas fait grand bruit tandis qu'il a été fur la terre ; mais fes difciples y en firent beaucoup après fa mort. Le nombre s'en augmenta de plus en plus, ils annoncerent avec zêle leur nouvelle doctrine ; on les traita de vifionnaires & de fanatiques, & ils confirmerent cette opinion qu'on avoit d'eux par une opiniâtreté invincible à perfifter dans leurs fentimens dont le fanatifme fourniffoit continuellement des exemples dans toutes les fectes établies chez les Juifs. Jéfus-Chrift devint donc plus célebre par fes premiers fectateurs qu'il ne l'avoit été par lui-même. Les miracles de ce prétendu Meffie n'avoient en effet pour théâtre que l'imagination de fes difciples; au lieu que le fanatifme de ceux-ci fe donne réellement aux hommes en fpectacle. Dans les tems qui fuivirent de près la mort de Jéfus-Chrift, ceux qui connoiffoient fa doctrine l'annoncerent de vive voix. C'étoit par des entretiens familiers, par des difcours, par des exhortations qu'on attiroit des difciples au Meffie. Les uns qui avoient vécu avec lui racontoient ce qu'ils lui avoient entendu dire & ce qu'ils croyoient avoir vu. Les autres rapportoient ce qu'ils difoient avoir appris de témoins oculaires; d'autres donnant dans l'enthoufiafme débitoient avec confiance ce que leur imagination leur fuggéroit.

Tous les Apôtres également fimples & également zélés augmentoient à l'envi le nombre des Profélytes. Ceux-ci s'entretenoient avec admiration des miracles qu'on attribuoit au chef de la religion qu'ils avoient embraffée, & les miracles alloient· tous les jours croissans à mesure que. le nombre des freres se multiplioit.

On voit par les divers Evangiles qui parurent peu d'années après, que l'esprit crédule des premiers Chrétiens ne s'étoit tenu sur cela dans aucunes bornes; mais ces histoires ne parurent pas dans les tems qui suivirent de près la mort de Jésus-Christ. Le Christianisme alors trop peu éloigné de sa source se soutenoit encore par lui-même. Les discours des Apôtres ou de leurs disciples étoient pour les fideles un Evangile vivant qui leur suffisoit. Dans les quatorze Epitres de St. Paul que nous avons, qui sont la plupart fort longues & dont quelques-unes ont été écrites fort tard, ni dans les autres lettres qui nous restent des Apôtres, il n'est fait nulle part mention d'aucun Evangile écrit: ce terme qui se rencontre plusieurs fois dans leurs ouvrages ne signifie autre chose que la doctrine de Jésus-Christ qu'ils avoient annoncée; en un mot il est impossible de prouver qu'aucune histoire Evangélique ait été publiée avant la destruction de Jérusalem: au contraire, la ruine de cette ville & de son temple si clairement annoncée dans St. Matthieu & dans

St. Luc fera toujours fentir aux efprits fans prévention que les Evangiles n'ont été écrits qu'après l'événement. Cependant le Chriftianifme s'éloignant de fa fource, & le nombre des fideles augmentant de jour en jour, il fallut recourir aux monumens hiftoriques pour conferver la mémoire des paroles & des actions du Meffie. On vit donc paroître en divers lieux cette foule de petits ouvrages que les Chrétiens nommoient *Evangiles* parce qu'ils contenoient la doctrine du falut à laquelle ils donnoient déjà ce nom.

La plupart des Apôtres devoient être morts lorfque les Evangiles parurent ; mais on ne crut pas pouvoir rendre ces hiftoires plus recommandables qu'en les attribuant à des hommes fi célebres dans le Chriftianifme dont les noms devoient être connus de tous les fideles. Pour ne point répéter ce qui a été dit plus haut, ce ne fut que 150. ans après la mort de Jéfus-Chrift que l'Eglife en fortant du berceau & quittant le bégayement de l'enfance, eut honte de cette multitude d'hiftoires Evangéliques & n'en adopta que quatre plus raifonnables & plus conformes entre elles que les autres ; & c'eft ce qu'on appelle aujourd'hui l'*Evangile.*

Mais, poursuivent les incrédules, d'où sçait-on que ces quatre histoires privilégiées sont les seules légitimes ? Comment a-t-on pu démêler, par exemple, que l'Evangile que nous avons sous le nom de St. Matthieu étoit véritablement de lui, & que celui des Hébreux & un autre dont les Ebionites se servoient n'en étoient point, quoiqu'ils fussent tous trois sous le nom du même Evangéliste, & tous trois d'une égale antiquité ? Pourquoi a-t-on rejetté l'Evangile de l'Enfance attribué à St. Thomas, ainsi que celui de St. Jacques, & tant d'autres qui sont des ouvrages également anciens ? Pourquoi leur avoir préféré l'Evangile de St. Jean qui porte les marques les plus sensibles de la supposition ? Cet auteur devoit-il en être cru parce qu'il se nomme à la fin de son histoire ? St. Matthieu, St. Marc, ni St. Luc n'en ont pas usé ainsi, & malheureusement pour St. Jean cette affectation lui est commune avec les Evangélistes apocriphes. St. Jacques, St. Thomas, Nicodème se déclarent de la même maniere, pour autoriser des Evangiles qui portent leurs noms.

Comme les Chrétiens supprimerent dans la suite, autant qu'ils le purent, les

Evangiles rejettés, peu de ces ouvrages
sont parvenus jusqu'à nous; mais si l'on
en juge par ceux qui nous restent, on
est forcé de convenir que le merveilleux le plus absurde & le plus extrava-
gant s'étoit alors emparé de leur imagination ; l'Eglise en a usé sagement d'a-
voir proscrit des histoires où le Messie
dans son enfance s'amusoit à faire de petits oiseaux de terre qui s'envoloient a-
près avoir été animés de son souffle. Les
fideles auroient sans doute été choqués
de voir leur maître changer de petits
garçons en boucs pour leur apprendre à
être sages. On n'auroit point trouvé
de dignité dans le miracle que le petit
Jésus fit pour élargir le trône du **Roi**
de Jérusalem : St. Joseph avoit été char-
gé de faire ce trône, mais n'ayant pas
bien pris ses mesures, le trône se trouva trop étroit pour le lieu où il devoit
être placé : sur cela le petit Messie se
met à tirer l'ouvrage d'un côté, & St.
Joseph à tirer de l'autre, après quoi le
trône se trouva juste pour la place.

L'Evangile de St. Jacques n'est gueres plus sensé. Toutes les particularités
merveilleuses du mariage de St. Joseph
y sont décrites d'une maniere ridicule
& l'incrédulité de Salomé sur l'accou-
che-

chement de la Vierge y eſt aſſurément pouſſée ſi loin, qu'elle ſcandaliſe. L'ouvrage que nous avons ſous le nom de *l'Evangile de Nicodême* n'eſt peut-être autre choſe que *les fameux Actes de Pilate* cités comme autentiques par les anciens Peres de l'Egliſe, par St. Juſtin, Tertullien, Euſebe &c.

Cependant cet Evangile eſt rempli d'un merveilleux puérile & inepte. De pareils ouvrages méritoient à juſte titre d'être traités d'apocryphes: dans nos Evangiles les choſes ſe paſſent avec plus de bienſéance, le Meſſie y agit avec plus de dignité, le merveilleux n'y eſt pas moins outré, mais il eſt mieux choiſi & plus noble.

Tous ces ouvrages que l'Egliſe a répudiés n'ont été rejettés que pour leur trop baſſe ſimplicité, ou peut-être à cauſe de quelques dogmes particuliers qui n'ont pas prévalu & que les Chrétiens ont déſavoués, ou enfin à cauſe du trop peu de conformité entre eux ; cependant ils ſont anciens, ils ſont également du nombre de ces hiſtoires Evangéliques que vit éclore le ſiecle qui ſuivit la deſtruction de Jéruſalem. Les Evangiles Canoniques n'ont pas plus d'antiquité, mais ils ont pour eux l'adoption de l'Eglife : les autres Evangiles, dit - on, ont été fuppofés par des impofteurs ou par des hérétiques, comme fi les orthodoxes avoient été fur cela plus réfervés. Il faut n'avoir aucune teinture de l'hiftoire Eccléfiaftique pour ignorer que jamais les hommes n'ont pouffé plus loin la fourbe & l'impofture, que tous les Chrétiens fans exception le firent dans le premier tems en faveur de leur Secte. Enfin on ne prouvera jamais qu'aucun Evangile ait été écrit avant la prife de Jérufalem. Il parut dans la fuite fous ce titre quantité d'hiftoires fabuleufes qu'on attribuoit fauffement aux Apôtres : les Chrétiens qui les fabriquerent étoient des fanatiques avérés que leur zêle rendoit impofteurs ; & les quatre Evangiles dont l'Eglife a fait choix font du nombre de ces ouvrages.

Mais, dira-t-on, quand même il feroit douteux que les Evangiles canoniques ayent été véritablement compofés par les auteurs dont ils portent le nom, il eft au moins certain que le Chriftianifme exiftoit avant la ruine de Jérufalem ; les incrédules conviennent que St. Paul & les autres Apôtres avoient écrit avant ce tems-là, on ne peut pas douter qu'il n'y ait eu des Chrétiens à Rome fous l'Empire de Néron & même fous celui de Claude; Suétone & Tacite (16) le difent positivement. Il y avoit donc par conféquent une Secte d'hommes qui croyoient que Jéfus-Chrift étoit reffufcité. Ainfi tout ce qu'on vient de dire ne détruit pas le fait & ne peut faire tort tout au plus qu'à l'autenticité des Evangiles que les incrédules ont prétendu attaquer jufqu'à préfent: ils ont voulu faire connoître l'idée que peut avoir d'un ouvrage fi révéré des Chrétiens, un efprit qui préfere les lumieres de la raifon aux lumieres de la foi. Mais écoutons leurs raifonnemens jufqu'au bout: voyons de quelle maniere ils prétendent renverfer un fait qu'ils croyent déjà ébranlé; ils n'ont peut-être encore dit fur cela que ce qu'ils avoient à dire de plus foible.

Il y avoit certainement en Judée, en Grece, en Italie, une Secte d'hommes qui reconnoiffoient pour leur maître Jéfus-Chrift crucifié & reffufcité; & cette Secte étoit compofée, comme on l'a dit, de miférables Juifs, de pauvres fanatiques, plus miférables encore par le caractere de leur efprit, que par la baffeffe de leur condition. Dans les pre-

(16) Annal. Lib. 15. Cap. 44.

miers tems le Chriſtianiſme étoit encore ſi obſcur qu'on en connoiſſoit à peine le nom. Comme les Chrétiens étoient preſque tous Juifs, comme leur Religion avoit le Judaïſme pour fondement, & comme toutes les conteſtations qui rouloient ſur le Meſſie ſe paſſoient avec d'autres diſciples de Moyſe, on les confondoit toujours avec les Juifs; on les regardoit comme une de ces Sectes particulieres qui ſortoient ſi fréquemment du ſein de cette ſuperſtitieuſe nation. Or les hommes raiſonnables qui vivoient alors avoient de la nation Juive une idée de mépris à laquelle il eût été difficile de rien ajouter. Nous l'avons déjà dit pluſieurs fois, & on ne ſçauroit trop le répéter: c'eſt un peuple, diſoit-on ſans ceſſe, qui habite le pays des fables, tout ſe fait chez eux par enchantement.

Si les hommes raiſonnables avoient ſçu de quoi il étoit queſtion dans les diſputes des Juifs avec les Chrétiens, ils auroient ſans doute déploré la miſérable condition humaine que le fanatiſme livre en proie à la plus extravagante crédulité. Les eſprits ſenſés ont naturellement du dégoût pour l'abſurde, ils n'aiment pas à approfondir les chimeres. Suppoſons pourtant qu'un homme judicieux eût voulu

s'éclaircir du point effentiel de la difpu-
te qui fubfiftoit entre les difciples de
Moyfe & ceux de Jéfus-Chrift. Lorf-
qué, par exemple, l'Empereur Claude
chaffa les Juifs de Rome , Suétone dit
„ qu'il les chaffa à caufe des bruits con-
„ tinuels qu'ils excitoient à l'occafion
„ d'un certain Chriftus.''   Ce paffage
qui n'eft pas trop clair, fait voir que
Suétone lui-même n'étoit pas encore au
fait, quoiqu'il vécût un fiecle après Jéfus-Chrift , mais ce n'eft pas de quoi il
s'agit ici. Suppofons donc qu'au tems
de Claude un homme fenfé & curieux,
un Philofophe ait voulu fçavoir de quoi
il étoit queftion. D'abord il s'adreffe
aux Juifs qui lui difent : il vient de s'é-
lever parmi nous une Secte de miférables
& d'infenfés , qui veulent faire paffer
pour Meffie un impofteur, un féditieux
que Pilate a fait crucifier à Jérufalem.
Le même homme s'adreffe enfuite aux
Chrétiens : oui, lui difent-ils, Jéfus-
Chrift a été crucifié comme un féditieux, mais c'étoit un homme divin, un
homme dont prefque toutes les actions
ont été des miracles: il délivroit les poffédés , il redreffoit les boiteux , il rendoit la vue aux aveugles-nés, il reffufci-
toit les morts, il s'eft reffufcité lui-mê-

me, & il est monté au Ciel en corps & en ame ; grand nombre de nos freres l'ont vu, toute la Judée a été témoin de ses prodiges & de sa vie miraculeuse.

Comment ! dit sur cela notre Philosophe, toute la Judée est donc Chrétienne ? Tous les habitans d'un pays qui ont été témoins de tant de merveilles ont donc embrassé la doctrine de votre Maître ? Hélas ! non, répondent les Chrétiens, il n'y en a eu qu'un fort petit nombre qui l'ait fait, en comparaison du reste. Tous les autres ont eu des yeux & n'ont point vu, des oreilles & n'ont point entendu. Ha ! dit le Philosophe un peu remis de sa surprise, je vois ce que c'est, je reconnois les enchantemens si ordinaires à ceux de votre Nation. Mais parlez-moi sincérement, les choses se sont-elles passées comme vous le dites ? Les miracles de votre Messie ont-ils été effectivement publics? Ils l'ont été, reprennent-ils, ils ont éclaté à la vue de tout le public. Quelque maladie qu'on eût, quiconque pouvoit seulement toucher le bord de sa robe lorsqu'il passoit, étoit sûr d'être guéri. Il a plusieurs fois nourri cinq à six mille personnes avec ce qui auroit à peine suffi pour en nourrir cinq ou six. Sans vous parler d'une infinité de miracles qu'il a faits en public, un jour il reffuf- cita à la porte d'une ville un mort qu'on portoit en terre ; une autre fois en pré- fence d'un grand nombre de gens il en reffufcita un qui étoit enterré depuis qua- tre jours & plus d'à-moitié pourri. Ho ! pour ce dernier miracle, dit le Philo- fophe, je fuis perfuadé que tous ceux qui y affifterent fe profternerent aux pieds du Meffie : il y en a eu auffi plu- fieurs qui crurent en lui, répond un des Chrétiens, mais tous ne le firent pas ; les autres allerent auffitôt raconter aux Pharifiens, qui étoient les ennemis de notre Maître, tout ce qu'ils avoient vu. Il en eft de même, continue-t-il, des autres miracles de Jéfus-Chrift, quel- ques-uns de ceux qui en étoient témoins croyoient en lui, parce qu'il les avoit deftinés à être du nombre de fes difci- ples ; les autres n'y croyoient pas. En vérité, leur dit le Philofophe, il faut qu'il y ait bien de la fimplicité dans les uns & une extrême ftupidité dans les autres. Je conçois aifément, & votre exemple me confirme dans cette pen- fée, je conçois qu'il peut fe rencontrer des gens affez fimples pour s'imaginer qu'ils ont vu des miracles lorfqu'ils n'en voyoient point; mais on ne concevra jamais qu'il puiſſe y en avoir d'aſſez hébétés pour ne pas ſe rendre à des prodiges auſſi éclatans, que ceux dont vous venez de parler. Il faut avouer que la Judée produit des hommes qui ne reſſemblent en rien aux autres hommes de la terre: on voit chez vous ce qu'on ne voit point ailleurs.

Notre Philoſophe admire donc la crédulité de ces bonnes gens qui lui paroiſſent des fanatiques du premier ordre. Mais voulant ſatisfaire pleinement ſa curioſité, il diſſimule ſes vrais ſentimens & dit à ces Chrétiens: ce que je viens d'entendre me paroît ſi merveilleux, ſi étrange, ſi nouveau, que j'aurois un deſir extrême de connoître plus à fond tout ce qui concerne votre Meſſie: vous me ferez plaiſir de vouloir bien m'en inſtruire; un homme ſi divin mérite certainement que tout l'univers s'informe des moindres circonſtances de ſa vie. Auſſitôt un de la troupe ſe flattant peut-être de faire du Philoſophe un Proſélyte, ſe met à raconter en détail tout ce qui concerne Jéſus-Chriſt: comment il étoit né d'une Vierge; comment les Mages & les Paſteurs étoient venus reconnoître ſa Divinité dans le berceau;

les miracles de son enfance, ceux de ses dernieres années, sa vie, sa mort, sa résurrection, rien ne fut oublié. L'Evangéliste ne s'en tient pas aux actions du fils de l'homme, il rapporte tous ses discours, toutes ses paraboles, toute sa morale. Enfin l'instruction est complette, il n'omet rien ni sur les faits ni sur les dogmes. Quand le Chrétien eut cessé de parler, le Philosophe qui sans l'interrompre avoit tout écouté avec beaucoup d'attention & de patience, prend la parole à son tour, mais d'une maniere à faire bientôt connoître aux disciples de Jésus-Christ qu'il n'étoit pas disposé à en augmenter le nombre. La morale de votre Messie, dit-il, me paroît bonne à certains égards, je la trouve en quelques endroits conforme avec celle qu'ont enseignée tous les hommes raisonnables qui ont paru sur la terre plus de 400. ans avant lui. Cette morale que vous débitez comme nouvelle, l'est peut-être pour un peuple grossier & imbécille comme les Juifs, mais elle ne l'est pas pour le reste des hommes. Je trouve néanmoins une chose à redire dans cette morale, c'est que celui qui l'enseignoit n'ait pas été un homme plus simple & plus commun dans ses actions ; c'est dommage que votre maître qui pensoit si bien sur le réglement des mœurs, ait fait tant de prodiges.

Mais si la morale du Messie n'est pas nouvelle, continue-t-il, j'avoue avec étonnement que ses miracles le sont pour moi : ils ne devroient pourtant pas l'être ni pour moi ni pour personne, cependant personne n'en est instruit : il y a fort peu de tems, dites-vous, que Jésus - Christ vivoit : tous les hommes d'un âge raisonnable qui sont aujourd'hui sur la terre ont été ses contemporains. Concevez - vous en bonne foi que dans une Province de l'Empire aussi fréquentée que la Palestine, il ait pu se passer des choses si extraordinaires, & cela pendant un intervalle de trois à quatre années de suite, sans qu'on en ait entendu dire le moindre mot ? Nous avons un Gouverneur & une garnison nombreuse dans Jérusalem, la Judée est pleine de Romains ; le commerce est continuel de Rome à Joppé, & l'on n'a pas sçu en ce pays-là que Jésus-Christ fût au monde !

Les Juifs ont la faculté de voir ou de ne pas voir des prodiges selon qu'il leur plaît, poursuit le Philosophe, mais

les autres hommes voyent ordinairement
ce qui eſt devant leurs yeux & ne voyent
que cela.   Lorſque vous me dites que
nos Soldats furent témoins des miracles
qui arriverent à la mort & à la réſurrection de votre Maître, de ce trem-
blement de terre, de ces ténebres épaiſ-
ſes qui obſcurcirent pendant trois heures
la lumiere du Soleil ; lorſque vous les
repréſentez comme preſque morts de
peur & de ſaiſiſſement à l'aſpect d'un
Ange qui deſcend du ciel avec le bruit
& l'éclat du tonnerre pour ouvrir le
tombeau du Chriſt ; lorſqu'enfin vous
aſſurez que les mêmes Soldats déſavoue-
rent pour un vil intérêt des prodiges
qui les avoient tellement frappés qu'ils
en étoient preſque morts de peur, vous
oubliez en vérité qu'ils ſont des hommes, vous les métamorphoſez en Juifs,
comme ſi l'air de la Judée faſcinoit les
yeux & renverſoit la raiſon de tous les
étrangers qui la reſpirent.

Croyez, Chrétiens, que ſi votre Meſſie avoit réellement fait la moindre partie des miracles que vous lui attribuez,
l'Empereur, le Sénat, tout Rome en
eût été informé.   Cet homme divin eût
été le ſujet de tous nos entretiens &
l'objet de l'admiration univerſelle.   Ce-

pendant il eſt encore inconnu de tout le monde, excepté peut-être d'un petit nombre de Juifs dont même la plus grande partie le regarde comme un impoſteur. Concevez du moins, ô Chrétiens, qu'il a fallu un miracle plus fort que tous les miracles de Jéſus-Chriſt enſemble pour tenir ainſi captive dans l'obſcurité une hiſtoire que vous ſuppoſez auſſi publique, auſſi éclatante & auſſi merveilleuſe que la ſienne. Reconnoisſez votre égarement, abandonnez une opinion chimérique. Car enfin c'eſt à votre imagination ſeule que Jéſus-Chriſt eſt redevable de tout ce merveilleux dont vous ornez ſon hiſtoire. Les Chrétiens qui dans les premiers tems n'avoient pas encore ſongé à fabriquer les faux Actes de Pilate, non plus que les lettres de ce Gouverneur à Tibere; qui ne s'étoient point encore aviſés de faire lier un commerce de lettres entre St. Paul & Séneque; qui n'avoient pas encore ſuppoſé toutes les prophéties des Sybilles, où les miracles, la mort & la réſurrection de Jéſus-Chriſt ſont annoncés auſſi clairement que dans l'Evangile; les Chrétiens en un mot qui n'avoient pas encore joint l'impoſture au fanatisme, furent quelque tems interdits du diſcours du Philoſophe.   Enfin celui d'entre eux qui avoit d'abord fait la fonction d'Evangéliſte, prenant enſuite le ton d'un enthouſiaſte ; Jéſus-Chriſt eſt le fils de Dieu, s'écria-t-il, il eſt notre Meſſie, notre Sauveur, notre Roi. Nous ſçavons qu'il eſt mort, qu'il eſt reſſuſcité ; heureux ceux qui ont vu & qui ont cru ! plus heureux encore ceux qui croiront en lui ſans l'avoir vû ! ô Rome ! renonce à ton incrédulité ! Superbe Babylone ! fais pénitence de tes déſordres ; le tems eſt court, la chute eſt prochaine, ton Empire touche à ſa fin : que dis-je ! ton Empire, l'univers entier va changer de forme.   Le fils de l'homme va venir dans les nues pour juger les vivans & les morts ; il vient, il eſt à la porte : Le monde va diſparoître ; pluſieurs de ceux qui vivent aujourd'hui ne mourront point avant l'accompliſſement de toutes ces choſes.   Finiſſons ici notre ſuppoſition.   Le Philoſophe qui ne prenoit pas grand plaiſir à ce langage prend congé de la troupe Chrétienne & laiſſe l'enthouſiaſte haranguer ſes freres tant qu'il lui plaît.

Les prodiges éclatans de Jéſus-Chriſt avoient fait ſi peu de ſenſation dans le monde, que bien des années après ſa mort on y connoiſſoit à peine ſon nom, & que ſes diſciples n'étoient point distingués de ceux de Moyſe. C'eſt un fait qu'on ne peut révoquer en doute ſans démentir tous les monumens qui nous reſtent de ces tems-là. Voyons préſentement ſi dans la Judée qui fut le théâtre de ſa vie merveilleuſe, ſes prestiges éclaterent davantage. C'eſt par le témoignage des Juifs contemporains qu'il en faut juger. Commençons par les Evangéliſtes eux-mèmes, examinons dans leurs propres récits les idées différentes que les Juifs avoient des miracles que le Meſſie opéroit parmi eux. Nous pasferons enſuite à des témoignages plus forts & plus convaincans.

Si une foi vive & ardente eſt nécesfaire pour opérer des miracles, c'eſt du moins par une foi ſimple & par un eſprit ſoumis qu'on peut ſe mettre en état d'en voir : il n'y a que ceux qui ſont perſuadés de la poſſibilité des miracles qui puiſſent en être témoins; le merveilleux fuit & redoute l'eſprit incrédule, c'eſt ſon ennemi le plus dangereux. Les hommes ſimples ont vu des prodiges, ils en verront toujours; les incrédules n'en ont point vu & n'en verront jamais.

Après ce que les Evangéliftes nous difent de l'autenticité des miracles de Jéfus-Chrift, après ce que nous avons dit & répété fi fouvent de la crédulité des Juifs, on fera fans doute furpris de trouver des incrédules parmi eux. Il y en avoit néanmoins & en grand nombre. Les Pharifiens, les Docteurs de la Loi, les Prêtres, tous les Principaux du peuple étoient des efpeces d'efprits-forts en comparaifon du refte de la nation: c'eft du moins l'idée que nous en donnent les Evangéliftes. A la vérité cette idée n'eft pas toujours bien foutenue dans leurs écrits ; car enfin lorfque ces mêmes efprits-forts attribuent à la puiffance de Belzébuth les exorcifmes de Jéfus-Chrift, ou lorfqu'on les entend dire : *Si nous ne nous défaifons de cet homme, tout le peuple croira en lui à caufe des prodiges qu'il a faits*, ils paroiffent raifonner alors comme s'ils fuppofoient la réalité de fes prodiges ; mais malgré cette contrariété qui régne dans les hiftoires Evangéliques fur le point dont il s'agit, il réfulte cependant de la lecture entiere des Evangiles que les Pharifiens, les Prêtres, les Sçavans, tous les Principaux de la nation Juive étoient autant d'Incrédules , qui ne vouloient point ajouter foi aux miracles qui leur étoient rapportés du Messie.

Qui est-ce qui a cru en lui, disent-ils à l'aveugle-né ? Il n'y a pas un seul de nous qui l'ait fait. Il n'y a que cette vile populace composée d'hommes ignorans & imbécilles. Sans rapporter d'autres témoignages de leur incrédulité qui sont en grand nombre dans les Evangiles, la preuve la plus forte qu'on puisse en donner c'est cette demande si empressée & si souvent réitérée qu'ils faisoient au Messie de leur faire voir un prodige. Jésus-Christ ne faisoit autre chose que des prodiges, puisque toutes ses actions étoient des miracles. Un peu de patience, ou plutôt un peu de foi ; & bientôt au lieu d'un prodige il en eût fait voir un grand nombre à ces incrédules. Mais une curiosité fondée sur le doute est une trop mauvaise disposition pour voir des miracles ; Jésus-Christ n'en faisoit jamais devant des témoins dans lesquels il remarquoit cette disposition ; le desir des Pharisiens & des autres qui manquoient de foi ne fut jamais satisfait, le Messie refusa constamment de faire aucun prodige en leur présence.

Hérode le Tétrarque n'eut pas sujet d'être

d'être plus content que les Pharifiens. Ce Prince, difent les Évangéliftes, ayant fouvent ouï parler des miracles de Jéfus-Chrift, fut ravi de ce que Pilate lui renvoyoit un homme fi merveilleux : il efpéroit lui voir confirmer par quelque prodige la vérité des merveilleux récits qu'il avoit entendu faire de lui. Mais le Meffie fe tint dans l'inaction. Hérode, quelque defir qu'il en eût, ne lui vit point faire de prodiges,..ce qui fut caufe que le Tétrarque & toute fa Cour changerent pour lui leur curiofité en mépris.

Il femble d'abord que les parens de Jéfus-Chrift auroient dû être les premiers à croire en lui ; cependant l'Evangile nous dit formellement & en plus d'un endroit qu'ils n'y croyoient point : ils y croyoient fi peu qu'ils formerent le deffein de fe faifir de lui & de l'enfermer, regardant ce nouveau Meffie comme nn fol. C'eft la foi feule qui foutient le merveilleux ; la foi eft toujours accompagnée d'un myftérieux refpect : or il ne faut jamais connoître à fond ni voir de trop près les chofes qu'on doit refpecter.

La grande proximité, le trop de familiarité qui font quelquefois naître le mépris, font toujours du moins un obftacle au respect sans lequel la foi ne sçauroit marcher. Il n'est donc pas étonnant que les parens de Jésus-Christ ayent été incrédules sur ses miracles. Ce Messie leur étoit trop connu, il leur avoit toujours paru un homme trop commun, pour qu'il devînt tout d'un coup si respectable ; il eût fallu pour cela renverser toutes leurs idées ; c'étoit aux étrangers à qui Jésus-Christ étoit inconnu à se former de lui telles idées qu'il leur plairoit ; c'étoit à eux à croire en lui & à le regarder comme le Messie ; pour ses parens, ils sçavoient à quoi s'en tenir sur son compte ; sa naissance si merveilleuse ne les avoit point frappés ; jamais ils n'avoient entendu parler de ses prétendus prodiges ; & en effet ce ne fut qu'après sa mort que le cerveau des premiers Chrétiens enfanta tout ce merveilleux. C'est sur le même principe qu'est fondée l'incrédulité des habitans de Nazareth : une grande familiarité avoit pareillement étouffé en eux le germe de la foi. Il n'y a rien de si naïf que la maniere dont la chose est rapportée dans l'Evangile. Le Messie étant allé à Nazareth où il avoit passé trente années de sa vie exerçant le métier de son pere, les habitans dirent d'abord entre eux : ,, n'est-

„ ce pas (17) le fils de Joseph & de Ma-
„ rie ? Son pere, sa mere, ses freres,
„ ses sœurs ne sont-ils pas encore parmi
„ nous ? Par quelle avanture donc est-il
„ devenu Prophête?" Jésus-Christ leur
dit sur cela : vous m'appliquerez sans
doute le proverbe: Médecin, guéri-toi
toi-même ; faites ici autant de miracles
que vous en avez fait en d'autres endroits. Votre mauvaise disposition me
persuade de la vérité d'un autre proverbe, qui est, que nul n'est Prophête en
son pays: & en effet, ajoutent les Evangélistes „ hors quelque peu de malades
„ qu'il guérit en leur imposant les mains,
„ il vit qu'il ne pouvoit faire en ce lieu
„ aucun miracle à cause de l'incrédulité
„ de ses compatriotes." (18)

Les Nazaréens poufferent même le
manque de foi un peu plus loin; car Jésus-Christ leur ayant fait sur cela quelques reproches assez forts, ils conduisi-
rent le Messie au haut d'une montagne
sur laquelle leur ville étoit bâtie afin de
le précipiter , mais il s'échappa de leurs
mains.

Enfin il faut mettre au rang des in-

(17) Matthieu Cap. XIII. 54. & seqq. *Confer.*
Marc. Cap. VI. 2. & seqq.
(18) *Voyez* Marc Cap. VI. 5. 6.

crédules de l'Evangile tous ceux qui furent témoins des miracles de Jéfus-Chrift, fans néanmoins croire en lui ; & le nombre de ces derniers eft prodigieux puifqu'il renferme généralement tout le peuple Juif. Après avoir vû le Meffie fuivi par plufieurs milliers de perfonnes qui paroiffoient s'attacher à lui jufqu'à négliger le foin de leur propre nourriture ; après le triomphe que les Juifs lui décernerent à fon entrée dans Jérufalem quelques jours avant fa mort ; après les prodiges étonnans qu'il fit pendant fa vie, & fur-tout ceux qu'il fit éclater en mourant, dont les Evangéliftes rendent tout le peuple témoin ; on eft tout furpris de voir le petit nombre de fes vrais difciples auxquels il envoya l'Efprit confolateur qu'il leur avoit promis. Cet étrange aveuglement de toute une nation ne paroît guere vraifemblable, il eft vrai, mais il eft permis de démentir l'Evangile en faveur de la vraifemblance : les écrivains profanes donnent les Juifs pour un peuple entiérement crédule & amateur du merveilleux ; les Evangéliftes nous en donnent une idée encore au deffous ; ils nous les repréfentent comme de vrais brutes dénués de tout jugement & de toute raifon. Vous me fuivez, dit Jéfus-Chrift , parlant à cette multitude qu'il nourrit dans le défert, comme s'il eût parlé à une multitude de bêtes, non à caufe des miracles que vous avez vus, mais à caufe du pain que je vous ai donné à manger. Tout eft conforme à cela dans l'Evangile. Voilà quel étoit le peuple qui fuivoit le Meffie : voilà les hommes devant lefquels il opéroit fes prodiges.

On a dit plus haut qu'il étoit impoffible de concevoir le peu de bruit que les miracles de Jéfus-Chrift avoient fait dans le monde, malgré l'éclat dont ils paroiffent revêtus dans l'Evangile. Sans recourir à un autre miracle, on eft encore obligé d'y avoir recours pour fauver le contrafte perpétuel de l'éclat de fes prodiges avec l'incrédulité des Juifs qui en étoient témoins. En effet tout cela fe paffoit ainfi felon les Evangéliftes (19) pour que la Prophétie d'Ifaïe s'accomplît; *ils regarderont & ne verront point, ils écouteront & ils n'entendront point.* La prophétie eut certainement fon effet au tems du Meffie, les Juifs cefferent d'être des hommes, ils devinrent des arbres. Il faut encore convenir que l'hiftoire Evangélique nous repréfente ce

(19) Matthieu XIII. 11. 15.

N 3

peuple comme une espece d'hommes toute particuliere qui à la lettre ne voyoient point avec les yeux & n'entendoient point avec les oreilles, qui ne pensoient & ne sentoient point comme les autres hommes. Les Juifs en un mot y paroissent d'une stupidité si peu naturelle que la foi seule les peut faire regarder comme des hommes qui aient pu réellement exister.

Puisque les miracles du Messie avoient fait si peu d'impression sur l'esprit des Juifs dans le tems même qu'ils en étoient les témoins, on ne sera pas surpris de leur en voir perdre absolument la mémoire. Ils perdirent en effet le souvenir non seulement de tous les prodiges qu'ils avoient vus, mais encore de l'homme merveilleux qui les avoit opérés : hors le petit nombre de ceux qui avoient embrassé sa doctrine, son nom même devint inconnu à tout le reste de la nation Juive ; mais laissons les Evangélistes & leurs systêmes ; ne nous assujettissons plus à l'idée qu'ils nous donnent de leur propre nation, expliquons-nous d'une maniere indépendante, & faisons voir par le silence des Juifs contemporains de Jésus-Christ que ses miracles avoient fait aussi peu d'éclat dans la Judée que dans le reste de la terre.

Quoique les Juifs fuffent regardés en général comme une nation imbécille, il s'eft néanmoins trouvé parmi eux des hommes qui ont fçu par un mérite particulier fe diftinguer de leurs compatriotes : le célebre Philon eft du nombre de ces derniers ; l'Ecole de Platon n'a gueres élevé de difciples qui aient fait tant d'honneur à fon maître que lui. Ce Philofophe Juif vivoit à Alexandrie dans le tems même que Jéfus-Chrift & fes Apôtres parurent en Judée. La ville d'Alexandrie étoit remplie d'un grand nombre de Juifs qui avoient un commerce continuel avec ceux de Jérufalem dont ils étoient peu éloignés. Ce qui s'étoit paffé de confidérable dans cette capitale du Judaïfme devoit bientôt fe répandre dans tous les endroits du royaume où les Juifs étoient habitués ; les habitans d'Egypte en devoient être les premiers inftruits : cependant Philon, homme fçavant, curieux, philofophe, très-attaché à fa religion, qui a compofé une infinité d'ouvrages de morale, de faits, de raifonnement, Philon, dis-je, n'a jamais fait aucune mention ni de Jéfus-Chrift ni de fes miracles ni de fa doctrine. Le nom même des Chrétiens ou de leur Maître n'eſt jamais venu juſqu'à lui, & ceux qui prétendent qu'il a parlé des premiers Chrétiens ſous le nom de *Thérapeutes* ne méritent ſeulement pas qu'on les faſſe revenir de leur ridicule prévention.

Joſeph & Juſte de Tibériade ſe ſont diſtingués chez les Juifs par les hiſtoires de leurs nations qu'ils écrivoient l'un & l'autre dans le même tems. Ils vivoient tous deux dans le même pays où Jéſus-Chriſt venoit de finir ſa vie miraculeuſement. Les diſciples du Meſſie qui faiſoient, dit-on, de plus grands miracles que leur Maître, étoient concitoyens & contemporains de ces deux hiſtoriens. Juſte & Joſeph devoient n'avoir entendu parler d'autre choſe que des prodiges de cet Homme - Dieu qui étoit reſſuſcité glorieuſement, après avoir, à la vue de tout le peuple, obſcurci le ciel & fait trembler la terre en mourant ; ils pouvoient encore moins ignorer les miracles des Apôtres & des premiers Chrétiens, puiſqu'ils vivoient avec eux : ils devoient du moins connoître le nom de cette nouvelle ſecte dont Dieu ſecondoit alors l'établiſſement par tous les dons de ſon eſprit & par la vertu éclatante de ſon bras. Mais non, ces deux hiſtoriens ont ignoré toutes ces chofes, les miracles de Jéfus-Chrift, ceux de fes difciples, le nom du nouveau Meffie, la fecte même des Chrétiens ; tout cela leur eft également inconnu. Jufte de Tibériade avoit compofé une hiftoire de fa nation depuis Moyfe jufqu'à fon tems : Cet ouvrage n'eft point venu jufqu'à nous, mais le fçavant Photius qui l'avoit lu nous affure formellement que l'auteur ne faifoit aucune mention ni de Jéfus-Chrift, ni de fes miracles, ni de fa fecte. Jofeph qui contredit l'hiftoire de Jufte en plufieurs chofes s'accorde néanmoins avec lui dans le filence qu'il obferve à l'égard de Jéfus-Chrift & de fes fectateurs.

Quoique cet hiftorien foit entré dans un détail infini de tous les événemens un peu confidérables, quoiqu'il parle de toutes les fectes qui fubfiftoient avant lui, & qui s'étoient formées parmi les Juifs ; quoiqu'il faffe mention de plufieurs impofteurs, ou fanatiques célebres qui avoient entrepris d'en établir de nouvelles, & qui avoient échoué dans leurs entreprifes ; les Chrétiens & leur Meffie lui ont cependant échappé ; les miracles de Jéfus-Chrift dont l'éclat s'eft accru à mefure qu'ils fe font éloignés de leur source, étoient encore trop récens pour être connus de Joseph. Le Christianisme faisoit en ce tems-là trop peu de figure parmi les Juifs pour être mis au rang des sectes.

L'historien n'a pas oublié le fameux Galiléen Juda qui fut le Prince & l'instituteur de la secte des *Sicaires*. Le fanatique Jonathas suivi sur le mont des Olives par trente mille autres fanatiques, a trouvé place dans son histoire aussi bien que Theudas le nouveau Josué, qui conduisit la populace imbécille sur les bords du Jourdain, l'assurant qu'il lui feroit passer ce fleuve à pied sec. Cet autre fanatique qui sous le gouvernement de Pilate couta la vie à un si grand nombre de crédules Samaritains, ne lui est pas échappé. Mais le Prince de la Secte Chrétienne ne lui a pas paru digne d'être mis au rang de ces hommes illustres & célebres. Si Joseph a connu Jésus-Christ il n'a pas daigné en faire mention, & il l'a sans doute confondu dans la foule de ces fourbes & de ces visionnaires qui s'éleverent alors dans la Judée & dont il parle seulement en général, de ces faux prophêtes, qui, comme il dit, se faisoient suivre par un peuple stupide sous prétexte des prodiges imaginaires qu'ils promettoient de leur faire voir.

Ce qu'il y a de singulier & en même tems d'humiliant pour les Chrétiens, c'est que Joseph a jugé le précurseur du Messie plus digne qu'on en fît mention que le Messie lui-même. Il parle honorablement de Jean-Baptiste : c'é-toit un homme pieux, dit-il, qui exhortoit les Juifs à la vertu, leur recommandant de joindre la pureté du corps à celle de l'ame ; & comme il étoit toujours suivi par une grande foule de peuple, Hérode craignant qu'il ne suscitât quelque sédition par le pouvoir qu'il avoit sur cette multitude, le fit arrêter & l'envoya prisonnier dans le château de Machéra. Les Juifs, ajoute-t-il, attribuerent la défaite de ce Prince par les Arabes à un châtiment du ciel pour une action si injuste. Les Evangélistes, comme on sçait, attribuerent (20) l'emprisonnement de St. Jean aux reproches qu'il faisoit à Hérode sur son mariage illégitime avec la femme de son frere. Ils disent mê-

____

(20) Vide Matthæum Cap. XIV. verset 3. & 4. & Marc. Cap. VI. 4. 17. 18.

me (21) que la fille d'Hérodias deman-
da la tête de Jean & obtint d'Hérode
qu'on la lui fît couper dans la prison.
Joseph ne dit ni l'un ni l'autre, c'étoit-
là pourtant l'occasion de le faire. Pour
ce qui est de la qualité de précurseur
du Messie que les Chrétiens ont donnée
à Jean afin de relever leur maître, on
verra dans la suite que c'est une imagination sans aucun fondement.

L'historien Juif parle de Jacques que
le Grand-Prêtre Ananias fit lapider avec
quelques autres, les accusant d'avoir
contrevenu à la foi, & cette action, dit-
il, déplut extrêmement à tous ceux qui
avoient de la piété. Joseph s'en tient
là & n'en dit pas davantage ; il n'y a
qu'à voir Eusèbe & les autres après lui,
on y trouvera que Joseph attribue la
ruine de Jérusalem à une punition divine pour la mort de St. Jacques. Les
mêmes Chrétiens qui sur la fin du troisieme siecle insérerent gratuitement le
passage de Jésus-Christ dans l'histoire de
Joseph ont sans doute ajouté après le
mot *Jacques* ces autres mots : *frere de*

(21) Voyez toute cette histoire romanesque rapportée au long dans St. Marc Cap. VI. verset 21,
& suiv.

Jésus nommé *Chrift*.   Cette petite fourbe imperceptible paroît une fuite dépendante de l'autre.   Quant au fameux
paffage fur Jéfus-Chrift, ce point de
critique a été fi bien difcuté par tant
d'habiles gens, qu'il eft inutile de répéter fur cela ce qu'ils ont déjà dit. C'eft
un paffagne groffiérement coufu qui in-
terrompt tout le fens: qu'on le retran-
che, l'ordre & la raifon fe trouvent d'a-
bord: il eft en lui-même abfurde en ce
qu'il fait dire à Jofeph que Jéfus-Chrift
étoit le Chrift prédit & annoncé par les
Prophêtes, qu'il étoit plus qu'homme,
tant fes œuvres étoient admirables! qu'il
eft reffufcité le troifieme jour après fa
mort & qu'il eft apparu vivant à fes
difciples.   En un mot il fait parler l'historien comme un Evangélifte, ce qui
eft l'abfurdité même dans un Juif auffi
zêlé, un Pharifien auffi déclaré, un homme auffi éloigné du Chriftianifme que
l'étoit Jofeph.   Outre cela, ce paffage
a été inconnu pendant plus de deux cens
ans à tous les apologiftes de la Religion
Chrétienne, & à tous les Peres des premiers tems dont plufieurs même ont
affuré pofitivement que Jofeph n'avoit
jamais connu Jéfus-Chrift.   Enfin l'impofture des Chrétiens eft fi avérée pour

ce qui eſt de ſuppoſer ſans aucune pudeur toute ſorte d'ouvrages favorables à leur ſecte, qu'elle ſuffiroit pour décider la choſe.

Mais les fourbes n'entendent pas toujours leurs propres intérêts ; pour vouloir trop avoir, ſouvent ils n'obtiennent rien. Deux lignes ajoutées à l'hiſtoire de Joſeph dans un autre endroit euſſent peut-être rendu plus de ſervice à la **Religion Chrétienne** que le paſſage entier dont tout le monde ſent la ſuppoſition. C'eſt aux cruautés d'Hérode ſi exactement décrites par l'hiſtorien Juif qu'il falloit ajouter le maſſacre des enfans de Bethléem dont il n'a pas dit un ſeul mot. „ Après la naiſſance de Jéſus - Chriſt, „ dit (22) l'Evangile, des Mages d'O- „ rient vinrent à Jéruſalem & deman- „ derent où eſt le Roi des Juifs qui eſt „ né depuis peu ? car nous avons vû „ ſon étoile en Orient, & nous ſom- „ mes venus pour nous proſterner de- „ vant lui. Le Roi Hérode ayant ap- „ pris cela en fut troublé & tout Jéruſa- „ lem avec lui. Ce Prince ayant en- „ ſuite appris des Docteurs de la Loi „ que le Chriſt devoit naître à Beth- „ léem, y envoya les Mages, les aſſu-

(22) Matthieu Cap. II. verſet 1. & ſuiv.

,, rant qu'il iroit bientôt fe profterner
,, lui-même devant le nouveau Roi.
,, Les Mages fe mirent donc en che-
,, min, conduits par l'étoile qu'ils avoient
,, déja vue en Orient & qui leur appa-
,, rut de nouveau. Ils arriverent à Beth-
,, léem, y trouverent l'enfant avec Ma-
,, rie fa mere; puis ayant ouvert leurs
,, tréfors ils lui offrirent en préfent de
,, l'or, de l'encens & de la myrrhe, &
,, s'en retournerent chez eux fans re-
,, voir Hérode.   Sur cela ce Prince en-
,, tra en fureur & envoya maffacrer tous
,, les enfans qui fe trouverent dans le
,, territoire de Bethléem âgés de deux
,, ans & au deffous." Voilà le fait tel
qu'il eft rapporté dans l'Evangile. Ar-
rêtons-nous un moment à l'examiner.

On a vu plus haut qu'un fait fi confidérable qui avoit mis toute la ville de
Jérufalem en trouble & tout le pays de
Bethléem en pleurs, a néanmoins été
inconnu de St. Luc quoiqu'il fe foit
particuliérement appliqué à décrire toutes ces particularités de l'enfance du
Meffie. Cet Evangélifte ne parle ni
d'Hérode, ni des Mages, ni de la fuite
de Jéfus en Egypte, non plus que de
fon retour d'Egypte à Nazareth, & l'on
doit fe fouvenir de la raifon que nous

en avons donnée qui eſt que St. Luc fait naître Jéſus-Chriſt dix ans après la mort d'Hérode; ſans cela il ſeroit abſurde d'imaginer qu'un fait auſſi important eût pu lui échapper, ou qu'il eût négligé de le mettre dans ſon Evangile, s'il étoit venu à ſa connoiſſance ou s'il l'eût cru véritable, puiſqu'il rapporte conformément à St. Matthieu une infinité d'autres choſes bien moins importantes.

Mais indépendamment du ſilence de St. Luc, qu'on mette à part le reſpect dû au Saint Eſprit & qu'on examine enſuite l'hiſtoire des Mages, on ne trouvera certainement rien qui ait plus l'air d'une fable que cette hiſtoire Evangélique. L'Evangéliſte qui la rapporte paroît donner dans les opinions les plus populaires ſur l'aſtrologie judiciaire & ſur les ſonges. Ces Mages avoient la réputation d'être fort habiles dans l'aſtrologie, ils voyoient tous les événemens dans les aſtres; c'eſt une étoile qui leur annonça la naiſſance du Meſſie, & comme le merveilleux va toujours en augmentant, un hiſtorien du ſecond ſiecle aſſure que cette étoile effaçoit par ſon éclat la lumiere du ſoleil & de la lune. Ce n'eſt pas tout, pour ne rien dire des

au-

autres fonges qui fe trouvent dans l'E-
vangile de St. Matthieu, cette hiftoire
feule en préfente trois. Jofeph eft averti
dans le premier de ces fonges de s'en-
fuir en Egypte; dans le fecond, ce font
les Mages à qui le Ciel donne avis de
s'en retourner chez eux fans voir Hérode; & dans le troifieme Dieu ordonne à Jofeph de revenir en Judée. Enfin
le voyage de ces aftrologues payens qui
viennent de fang-froid de l'Orient pour
adorer un petit Roi des Juifs dont ils
n'ont que faire, & cela parce qu'ils ont
vu fon étoile dans le Ciel, ce voyage,
dis-je, paroît une chofe fi puérile & fi
fimple qu'on a befoin de recourir au
myftere pour en fauver le ridicule : ils
étoient, dit-on, le préfage de l'adoration des Gentils.

Le filence de Jofeph fur le maffacre
des enfans de Bethléem eft néanmoins
plus difficile à expliquer que le ridicule
voyage des aftrologues d'Orient. En
effet il n'y a point de myftere qui puiffe
faire comprendre comment un hiftorien
fi exact & fi inftruit a pu oublier ce
fait important; on ne peut entrer dans
un plus grand détail que lui fur les défi-
ances, les tyrannies, les cruautés d'Hérode; il a étendu la barbarie de ce Prin-

ce au delà de sa vie par l'ordre cruel qu'il lui fait donner en mourant. Joseph a poussé peut-être la chose trop loin par l'horreur qui est restée dans le cœur des Juifs pour la mémoire d'un tyran qui les avoit long-tems opprimés ; cependant il oublie l'action de ce Tyran la plus inhumaine, celle qui avoit dû inspirer le plus d'horreur pour lui pendant sa vie & qui devoit rendre sa mémoire la plus odieuse après sa mort.

Il omet d'un autre côté un point d'histoire si marqué & si considérable dans la vie d'Hérode, qui est la naissance d'un enfant extraordinaire à qui le ciel sembloit destiner la couronne des Juifs, à qui des philosophes guidés par une étoile miraculeuse viennent exprès rendre leurs hommages à Bethléem, après avoir mis par leur discours toute la ville de Jérusalem en émotion & avoir allumé dans le cœur du Roi une jalousie qui le porte à commettre l'action du monde la plus barbare.

Un tel point d'histoire dans la vie du Roi Busiris n'eût point échappé à son historien, & l'on suppose qu'il est échappé à Joseph dans la vie d'Hérode dont il étoit presque contemporain ! C'est ainsi qu'en discutant toutes choses avec une critique exacte on parvient à éclaircir un fait; c'eft ainfi qu'en examinant avec attention le point fondamental dé la Foi Chrétienne qui eft le fait hiftorique de l'Evangile, on parvient enfin à le.connoître; ou plutôt c'eft ainfi qu'en voulant approfondir ce fait, on le voit abfolument difparoître & ne plus exifter que dans l'imagination des Chrétiens.   Il femble que le Christianifme ait été dans fon origine & dans fes progrès ce qu'eft un grand fleuve : voyez celui-ci dans fa force ou dans fa plus grande largeur, il roule fes eaux abondantes avec majefté, on ne s'imagine point qu'il doive être ailleurs différent de ce qu'on le voit ; mais remontez à fa fource, vous trouverez à peine un ruiffeau dont les herbes nous dérobent la vue : les habitans du pays qui le voyent naître ne le connoiffent fouvent pas dans l'ignorance où ils font que ce ruiffeau devient dans la fuite un fleuve célebre, fa médiocrité préfente les empêche d'y faire attention.

Il en eft de même du Chriftianifme; qu'on le confidere dans fa fplendeur, rien ne paroît plus majeftueux, plus respectable, plus divin: les miracles de Jéfus-Chrift ont alors acquis par une lon-

gue fuite d'années & par le grand nombre des fideles un éclat qui ne permet
pas qu'on le révoque en doute: on s'i-
magine que tous les événemens fe font
paffés de la maniere que le racontent les
Ecrivains facrés. Mais remontons à l'o-
rigine de cette abfurde religion, vous
voyez une poignée d'hommes abjects,
qui tâchent par leur fanatifme de fe tirer eux - mêmes de l'obfcurité ; ils n'y
parviennent pas, ils font toujours inconnus à leurs compatriotes. Si vous cher-
chez le Meffie lui-même au milieu des
Juifs, vous ne l'y trouverez point.

Que refte-t-il donc aux Chrétiens pour
les foutenir dans leur foi ? Il leur refte
uniquement le témoignage d'un petit
nombre d'hommes qui parurent alors
perfuadés du miracle de la réfurrection
de Jéfus-Chrift , & qui tâchoient de le
perfuader aux autres. Or ce petit nombre d'hommes étoit-il croyable fur les
chofes qu'il publioit ? C'eft où fe réduit toute la queftion. On voit d'un
côté une poignée de Juifs obfcurs & à
peine connus de leurs freres qui avancent des faits contre lefquels la raifon fe
révolte & qui foutiennent que ces faits
fe font paffés dans leur pays avec éclat
& à la vue de toute leur nation : de

l'autre côté l'on voit tous les hommes raifonnables de la terre qui traitent la nation Juive avec le dernier mépris, qui regardent la Judée & le Judaïfme comme le féjour & l'Ecole du fanatifme. Mais il y a plus, on voit le peuple Juif même fe ranger du parti le plus raifonnable, & regarder comme autant de vifionnaires cette poignée d'hommes qui s'éleve de fon fein.   Voilà les premiers Chrétiens défavoués par leurs freres propres, les voilà méprifés par les Juifs mêmes; le peuple toujours fanatique eft raifonnable en comparaifon d'eux; leurs contemporains démentent tous les faits qu'ils publient; on leur en démontre la fauffeté, on leur en fait voir l'abfurdité: il eft vrai qu'on ne les convainc pas; les difciples de Jéfus-Chrift ne fe piquent pas de fçavoir, ils laiffent les raifonnemens aux enfans du fiecle, on les voit perfifter dans leurs opinions, ils font prêts fi l'on veut à les fceller de leur fang; mais n'attendez pas d'eux d'autres raifons ni d'autres preuves des faits qu'ils avancent que leur foi & leur opiniâtreté.

Voilà quels furent les premiers Sectateurs du Meffie; c'eft à leur témoignage feul qu'on eft obligé de s'en rapporter sur ses miracles & sur sa résurrection; comme si Jésus-Christ n'étoit venu au monde que pour le salut d'un petit nombre d'Elus. On diroit qu'il a voulu passer sa vie au milieu de ses disciples sans daigner se faire connoître au reste des hommes. Sa nation même ne l'a point connu, il a fait tous ses miracles en Judée, mais il semble que ses disciples seuls en aient été témoins comme ils furent en effet les seuls témoins de sa résurrection. Il ne fut pas aisé apparemment de persuader aux Juifs que celui qui pendant sa vie avoit fait tant de merveilles, dont ils n'avoient rien vu, étoit ressuscité après sa mort. Une seule apparition de Jésus-Christ aux Pharisiens, aux Docteurs de la loi, aux hommes éclairés, au peuple même, eût fait sans doute plus d'impression sur l'esprit des incrédules que toutes les assurances que donnoient ses disciples de l'avoir vu ressusciter. C'est ce que disoit autrefois Celse un des grands ennemis de la Religion Chrétienne, & Origene ne peut répondre à un raisonnement si solide qu'en recourant au mystere.

Il paroît que Jésus-Christ a été ennemi de l'éclat, aussi bien dans les miracles de sa vie que dans celui de sa ré-

furrection. Si le Démon contraint par
fa parole d'abandonner un poffédé, déclare qu'il eft le Chrift fils du Dieu vivant, il lui impofe filence auffitôt. S'il
avoue en fecret à fes difciples qu'il eft le
Meffie, il leur ordonne en même tems
de ne pas divulguer cette grande vérité. S'il guérit un lépreux, s'il rend la
vue à un aveugle, il leur recommande
fur-tout de ne point publier ce prodige.
Il en ufoit ainfi, dit St. Matthieu, pour
que cette parole d'Ifaïe s'accomplît:
mon Serviteur eft difcret, pacifique, on
n'entendra point fa voix dans les places
publiques, il ne criera point, il n'écla-
tera point. A la vérité les Evangiles
font fouvent faire des miracles très-écla-
tans au Meffie, mais c'eft pour l'ac-
compliffement de quelque autre prophétie toute contraire. Quoi qu'il en foit,
les précautions que Jéfus-Chrift a prifes
pour étouffer l'éclat de fes miracles,
pour cacher fa vie merveilleufe & fa réfurrection, pour fe rendre inconnu aux
hommes mêmes au milieu defquels il vivoit, ces précautions, dis-je, font une
preuve convaincante qu'il n'a voulu devoir qu'à la foi feule l'établiffement de
fa religion.

O 4

Nous aurions pu donner ici plusieurs éclaircissemens sur ce qui regarde les miracles, les possessions, les exorcismes &c. mais toutes ces choses ne sont que des circonstances & des dépendances du fait auquel seul on a voulu s'attacher.

Passons au dogme évangélique. Comme le dogmatique de l'Evangile dépend absolument de l'historique & que le fait étant évanoui les dogmes s'évanouissent aussi, il paroît assez inutile d'entrer à ce sujet dans un grand détail. Les Chrétiens qui sont persuadés des miracles & de la résurrection de Jésus-Christ respectent & adorent toutes ses paroles : les incrédules qui ne s'arrêtent qu'au fait se soucient peu que la morale du Messie renferme quelques préceptes utiles ou que ses raisonnemens soient justes. Ainsi une discussion trop exacte sembleroit superflue aux uns & n'ébranleroit point la crédulité ou la foi des autres. Il est néanmoins à propos d'en dire quelque chose, afin de rendre plus complette l'idée qu'on doit se former du chef de la Religion Chrétienne, & le peu que nous en allons dire aura même avec le fait assez de rapport pour ne l'en pas séparer. Sous le dogmatique nous com-

prenons le dogme, la morale & les autres paroles de Jésus-Christ qui se trouvent dans l'Evangile.

Les dogmes sont la foi en Jésus-Christ,
le batême, la fin prochaine du monde,
le jugement dernier, enfin l'incarnation
du Verbe & la Divinité de Jésus-Christ
annoncées dans l'Evangile de St. Jean.
On a plus d'une fois examiné ces dogmes, il seroit inutile d'en parler ici. La
morale demande qu'on s'y arrête davantage parce qu'elle a été moins examinée
avec les yeux de la critique.

C'est une opinion dont on ne doute
point dans le Christianisme, que la morale Evangélique est la premiere de toutes les morales, & que ses principales
maximes étoient inconnues à tous les
hommes qui ont vécu avant Jésus-
Christ. La prévention que les Chrétiens ont pour leur religion & le respect
qu'ils ont pour leur divin maître, les
portent naturellement à penser de cette
maniere. Ils auroient trop de peine à
voir un Homme - Dieu partager avec
d'autres hommes la gloire d'avoir en-
seigné une bonne morale, & ils ne
sçauroient croire que sous l'empire du
Démon il ait pu se trouver de la
vertu.

O 5

Cette prévention néanmoins dépend d'un fait encore plus aifé à éclaircir que celui des miracles de Jéfus-Chrift. Il n'y a pour cela qu'à jetter les yeux fur quelqu'un des ouvrages moraux qui nous reftent de l'antiquité. Mais les Chrétiens font la plupart ignorans ou aveuglés par leurs préjugés; les ignorans ne lifent rien, & les autres ne voyent point ce qui eft devant leurs yeux. Ils font réellement tels que les Evangéliftes repréfentent les Juifs, ils regardent & ne voyent point : ceux dont nous parlons ont cent fois rencontré dans les écrits des Payens un grand nombre de maximes entiérement conformes aux maximes Evangéliques. Mais ils n'y ont pas fait attention, ou fi ces maximes y font fi clairement énoncées qu'ils ne puiffent s'empêcher d'en être frappés, il n'y a point de torture qu'ils ne donnent à leur efprit pour y trouver un fens qu'ils n'ont point.

Nous n'entreprendrons point d'ouvrir les yeux aux aveugles, c'eft un prodige réfervé au Meffie. Pour ceux qui font tentés de connoître plus à fond la conformité qui fe trouve entre la morale Evangélique & celle des Payens, ils pourront s'en inftruire dans un ouvrage qui a été fait fur cela; ils y verront la charité, l'oubli des injures, l'amour des ennemis, l'humilité, en un mot toutes les maximes de la morale Chrétienne auffi clairement & auffi fortement re-commandée que dans l'Evangile. Ils y remarqueront même non feulement une parfaite conformité quant au fens & au fond des chofes, mais encore quant aux tours & aux expreffions. On les ren-voye à cet ouvrage qu'il n'eft pas à propos de copier ici une feconde fois. Les Juifs n'étoient pas fort lettrés. Jéfus-Chrift qui expliquoit fi bien la prophétie d'Ifaïe dans la Synagogue de Nazareth, ne paroît pas plus verfé dans la lecture des livres étrangers, que fes compatriotes. On ne s'étonne pas qu'il ait eu mauvaife opinion de la mo-rale des Payens, elle lui étoit inconnue; mais il eft étonnant que la morale con-nue & pratiquée par un grand nombre de Sages fes contemporains lui ait paru fi nouvelle, puifque depuis deux ou trois fiecles le commerce des Grecs avoit introduit leur philofophie parmi les Juifs, & leur avoit fait connoître des maximes de morale dont Moyfe n'avoit point donné d'idée à leurs fauvages ancêtres : c'eft un fait dont il eft aifé de fe convaincre ; la fecte nombreufe des Effléniens qui fubfiftoit deux cens ans avant Jéfus-Chrift, avoit embraffé le Pythagorifme & avoit adopté les maximes Grecques fur le réglement des mœurs ; la morale qui fe trouve répandue dans les ouvrages de Jofeph, eft la même que tous les honnêtes gens fuivoient parmi les Juifs, & c'eft celle de l'Evangile. Il n'y a qu'à lire le livre des Loix dans lequel Philon donne une explicarion des commandemens de Dieu, pour y trouver la morale la plus pure & la plus faine ; pour y reconnoître en un mot celle des Chrétiens.

Pourquoi donc le Meffie met-il toujours en parallele la morale brute des anciens avec la fienne, comme fi celleci alloit immédiatement prendre la place de l'autre ? Pourquoi annonce-t-il fans ceffe comme nouvelles des maximes qui devoient être déjà très-vieilles & très-rebattues pour un grand nombre de Juifs ? Les incrédules répondront peut-être à cela que Jéfus-Chrift ne s'adreffoit point aux hommes éclairés de fa nation qui ne l'ont jamais entendu parler, qui ne l'ont jamais connu, mais qu'il parloit à ses disciples & à ceux qui le suivoient, c'est-à-dire à des hommes si grossiers & si ignorans que tout leur devoit paroître nouveau.

Il n'y a rien de plus expressément recommandé dans l'Evangile que l'oubli des injures & l'amour de ses ennemis; ces maximes si peu conformes à la nature de l'homme & par conséquent si inutiles, y sont sans cesse répétées; mais plus on les rencontre souvent & plus on est choqué du contraste qu'elles font avec les invectives continuelles du Messie contre les Pharisiens. Jésus-Christ n'en vouloit sans doute qu'à leur orgueil & à leurs vices; il chérissoit au fond leurs personnes & les regardoit comme des brébis égarées dont il souhaitoit la conversion : on le croit, mais cependant il n'a jamais voulu faire aucun miracle en leur présence, quelques prieres qu'ils lui en fissent; il n'a jamais daigné leur expliquer sa doctrine ni leur annoncer clairement le royaume des cieux; jamais il ne leur a parlé avec douceur, & jamais il n'a prononcé leur nom qu'avec quelques-unes de ces épithetes injurieuses de méchans, d'hypocrites, de sépulcres blanchis, de race adultere, d'enfans du Diable; cette conduite, si on en jugeoit par les lumieres de la raison, paroîtroit démentir les propres paroles du Messie & la douceur qu'on lui attribue.

Les profanes à qui la parfaite charité de Jésus-Christ pour les Pharisiens paroî équivoque, assurent qu'on peut lui appliquer en cette occasion ce qu'il appliquoit lui-même à ses sépulcres blanchis : *faites ce qu'ils disent & ne faites pas ce qu'ils font.* Les fideles adorent en tout cela la conduite mystérieuse du Sauveur, & leur foi respectueuse les empêchera toujours de soupçonner aucun fiel dans l'agneau qui ote les péchés du monde.

Comme les Pharisiens avoient été les principaux moteurs de la mort de Jésus-Christ, & comme non contens de cela ils persécuterent ceux qui avoient embrassé sa doctrine, il n'est pas étonnant de les voir si mal-traités dans les Evangiles. Les Chrétiens qui publierent ces histoires étoient doublement animés contre eux & par la mort de leur maître & par les persécutions qu'ils en essuyoient eux-mêmes.

Entre les discours moraux du Messie,

les Evangélistes rapportent encore quelques-unes de ses paroles en petit nombre, qui sont ou des prophéties ou de simples raisonnemens ; il ne nous reste plus qu'à dire un mot des unes & des autres.

Jésus-Christ a prédit plusieurs fois sa mort & sa résurrection : il a prédit la trahison de Judas, le reniement de St. Pierre & le genre de mort qui devoit terminer la fin de cet Apôtre. Il a prophétiquement annoncé la fin prochaine du monde ; il a déclaré que la vie de quelques-uns de ses disciples dureroit jusqu'à son avénement, & il l'a assuré en particulier de St. Jean son disciple bienaimé ; enfin il a prédit clairement la désolation de Jérusalem & la ruine du temple : événement funeste qui devoit, dit-il, précéder immédiatement la fin du monde & le jugement universel.

On sçait que plusieurs de ces prophéties étoient accomplies avant la publication des Evangiles, telle que la mort & la résurrection de Jésus-Christ, le crucifiement de St. Pierre. Mais les Commentateurs ne veulent pas convenir que celle qui regarde la destruction de Jérusalem eût encore son accomplisse-

ment; à la vérité la plupart de toutes
ces preuves leur manquent pour les soutenir dans leur opinion, au lieu qu'ils
ont contre eux une vraisemblance si
forte, qu'elle passera toujours pour une
certitude chez les hommes qui ne sou-
mettent pas leur raison à une foi aveugle; c'est la maniere claire & presque
historique dont ce terrible événement est
annoncé dans l'Evangile, sans compter
ni que St. Paul ni que les autres Apôtres qui ont écrit avant la ruine de Jérusalem n'ont jamais fait mention d'aucune histoire Evangélique qui eût paru
de leur tems. Pour ce qui est de la fin
du monde que les premiers Chrétiens
ont cru devoir suivre immédiatement
la ruine de la Cité Sainte, c'est un fait
incontestable dont il est aisé de se convaincre par la lecture des Epitres des
Apôtres eux-mêmes.

C'est moins par la force du raisonnement, que par l'éclat de ses miracles &
par la sublimité de sa doctrine, que le
Messie devoit attirer les hommes. Les
Evangélistes qui font faire à Jésus-
Christ des prodiges sans nombre, qui
mettent dans sa bouche une infinité de
paraboles & de discours moraux, ne le
font

font presque jamais raisonner ; encore quelques Critiques prétendent-ils que les historiens sacrés n'ont point été sur cela aussi réservés qu'ils auroient dû l'être : Jésus-Christ, disent les profanes, devoit s'en tenir aux miracles & aux paraboles, ses actions & sa morale persuadoient assez ; un Dieu comme lui pouvoit négliger les raisonnemens humains ; avec une telle conduite on l'auroit peut-être cru supérieur à la raison même, il devoit du moins éviter avec soin de jamais raisonner faux ; pourquoi nous donne-t-il prise sur lui ? Ses miracles nous le faisoient perdre de vue, ses raisonnemens le remettent à notre portée ; dans le peu même qu'il en fait on ne trouve presque aucune justesse. Est-il donc plus aisé de rendre la vue aux aveugles & de ressusciter les morts que de raisonner juste ? Contentons-nous de rapporter plusieurs raisonnemens de Jésus-Christ qui paroissent manquer de solidité.

Le premier qui se présente est la malédiction que le Messie donne aux Pharisiens & aux Docteurs de la Loi en ces termes : (23) ,,malheur à vous, Scribes

___

(23) Væ vobis Scribæ, & Pharisæi hypocritæ qui edificatis sepulchra prophetarum, & ornatis monumenta justorum, & dicitis: si fuissemus in

,, & Pharifiens hypocrites, parce que
,, vous rebâtiffez les tombeaux des Pro-
,, phêtes & embelliffez les monumens
,, des gens de bien; & que vous dites:
,, fi nous avions été du tems de nos Pe-
,, res nous ne nous ferions pas joints à
,, eux pour répandre le fang des Pro-
,, phêtes. Ainfi vous vous rendez té-
,, moignage à vous-mêmes, que vous êtes
,, la poftérité de ceux qui ont tué les
,, Prophêtes." Les Pharifiens croyoient
fans doute défavouer la violence de
leurs peres, réparer leur faute en quelque forte & rétablir en honneur la mémoire des Prophêtes en leur élevant des
tombeaux. On penferoit encore aujourd'hui de la même maniere, cepén-
dant Jéfus-Chrift affure qu'on auroit
tort. Il faut avouer que les Docteurs
& les Pharifiens ne trouvoient pas dans
le Meffie beaucoup de difpofition à ap-
prouver leur conduite dans ce qu'elle
paroiffoit même avoir de plus régu-
lier.

Les ennemis de Jéfus-Chrift ne fe
croiront apparemment pas convaincus

diebus patrum noftrorum, non effemus focii eorum in fanguine prophetarum, itaque teftimonio
eftis vobis metipfis, quia filii eftis eorum qui pro-
phetas occiderunt, Matt. XXIII. 29. & feqq.

par ce raisonnement ; mais en voici quelques autres auxquels ils ne sçauront que répondre : voyons s'ils paroîtront plus solides. Le Messie (24) ayant demandé aux Pharisiens si le Christ devoit être fils de David, & ceux-ci lui ayant répondu qu'oui, il ajouta : ,, David ,, cependant parle ainsi dans ses Pseaumes. ,, Le Seigneur a dit à mon Seigneur, ,, asséiez-vous à ma droite jusqu'à ce ,, que j'aie rendu vos ennemis le marche-pied de vos pieds. Si donc David ,, vid l'appelle *Seigneur*, comment doit-,, il être son fils comme vous le pré-,, tendez ? A cela, disent les Evangé-,, listes, les Pharisiens resterent sans ré-,, plique & confus, au point que de-,, puis ce jour-là qui que ce soit n'osa ,, lui proposer aucune question.'' Les enfans des Juifs & des Chrétiens en sça-

(24) Interrogavit eos Jesus, dicens : quid vobis videtur de Christo ? Cujus filius est ? Dicunt ei David. Ait illis : quomodo ergo David in spiritu vocat eum dominum, dicens : dixit dominus domino meo, sede à dextris meis, donec ponam inimicos tuos scabellum pedum tuorum ? Si ergo David vocat eum dominum, quomodo filius ejus est ? & nemo poterat ei respondere verbum : neque ausus fuit quisquam ex illa die eum amplius interrogare. Matth. Cap. XXII. verset 4\. & seqq.

vent plus aujourd'hui que ces Docteurs de l'Evangile ; un pareil argument ne les auroit point embarraffés. ,, Com-
,, ment, auroient-ils dit à Jéfus-Chrift!
,, ignorez-vous que le Pfeaume dont
,, vous parlez a été fait à l'occafion de
,, Salomon, lorfque David l'inftalla de
,, fon vivant dans le Trône de Judée
,, au préjudice d'Adonias & de fes au-
,, tres freres? L'Auteur de ce Pfeaume
,, qui étoit fujet de David & de Salo-
,, mon pouvoit-il s'expliquer autrement
,, en parlant de fes Rois? D'ailleurs Sa-
,, lomon & David font également trai-
,, tés de Seigneurs dans les paroles que
,, vous citez : la puiffance même y eft
,, principalement attribuée à David,
,, puifque c'eft lui qui doit foumettre
,, les ennemis de fon fils. Que préten-
,, dez-vous donc conclure de là en fa-
,, veur du Chrift?'' A cette réponfe le Meffie auroit pu être réduit lui-même au filence.

Lorfqu'on trouve dans l'Ecriture que Dieu y eft nommé le Dieu d'Abraham, d'Ifaac & de Jacob, la premiere & l'u-nique penfée qui vienne dans l'efprit c'eft que ces paroles fignifient que Dieu eft le Dieu qu'ont fervi & adoré autrefois ces Patriarches ; Jésus-Christ a pourtant fait entendre dans une occasion que ce n'est pas le vrai sens de ces paroles, & il confondit les Saducéens, dit-on, par la force de son raisonnement. Ceux-ci voulant tenter le Messie lui dirent (25) un jour: ,, Maî-,, tre! il est mort parmi nous sept fre-,, res qui avoient épousé la même fem-,, me l'un après l'autre ainsi que Moyse ,, l'a ordonné. Or nous voudrions sça-,, voir lequel de ces sept freres cette ,, femme aura pour mari au jour de la ,, résurrection, car tous l'ont eue:'' Le Messie leur répondit d'abord que les hommes après la résurrection ne se marieroient point & qu'ils seroient comme les anges de Dieu ; il devoit s'en tenir là. Mais il ajouta: vous êtes dans l'erreur de ne pas croire que les morts doivent ressusciter, car enfin l'Ecriture nous le dit clairement : ne voyez-vous pas que Dieu y est appellé le Dieu d'Abraham, d'Isaac & de Jacob? Or Dieu, comme vous le sçavez, n'est pas le Dieu des morts, mais des vivans, ainsi vous avez tort de ne pas croire la

______

(25) Vid. Matth. XXII. verset 23. & seqq. Confér. Marc. Cap. XII. verset 18. & seqq.

résurrection. Il ne faut pas être un logicien bien subtil pour sentir le faux de cet argument ; cependant les Saducéens n'eurent rien à y répliquer. Un Docteur de la Loi qui étoit présent, ne put même s'empêcher d'applaudir au Messie en ces termes : vous avez parlé fort juste ; & tout le peuple, dit l'Evangile, admira la profondeur de sa doctrine.

Il n'est pas étonnant que les Chrétiens ayent été autrefois scandalisés de la femme adultere jusqu'à désavouer cette histoire & la vouloir effacer de l'Evangile de St. Jean. On n'est point choqué de la douceur & de la bonté que le Messie témoigne à l'égard d'une criminelle qui selon les loix Judaïques méritoit la mort; au contraire sa bonté touche & édifie. Rien ne convient mieux à Dieu que la miséricorde, mais il y a maniere de l'exercer, & ce n'est point aux dépens du maintien des loix que Dieu doit pardonner aux pécheurs; les droits des hommes n'ont rien de commun avec les droits de Dieu: Pour maintenir l'ordre dans les sociétés civiles, les hommes doivent punir les crimes; Dieu peut faire miséricorde aux pécheurs quand il lui plaît; or il paroît que le Meſſie a confondu les choſes dans cette occaſion: Les Phariſiens lui ayant amené une femme qui venoit d'être ſurpriſe en adultere, & qui par conſéquent méritoit d'être lapidée, il leur dit: (26) *que celui d'entre vous qui eſt ſans péché lui jette la premiere pierre.* A ces paroles ils s'en allerent tous les uns après les autres, & la femme étant reſtée ſeule, il la renvoya en lui recommandant de ne plus pécher à l'avenir. N'eſt-ce pas-là introduire le déſordre dans les ſociétés que de mettre les juges hors d'état de pouvoir condamner les criminels, par la raiſon qu'ils ſont pécheurs auſſi bien qu'eux? comme ſi les péchés qui rendent les hommes coupables aux yeux de Dieu étoient de la même eſpece que ceux qui les rendent criminels envers la ſociété.

Nos critiques pouſſent peut-être un peu trop loin la juſteſſe & la préciſion qu'ils demandent dans les paroles du Meſſie: ils trouvent par exemple que cette comparaiſon prophétique ſi ſouvént répétée dans l'Evangile n'eſt pas

(26) Jean VIII. 7. & ſeqq.

exacte : ainfi que Jonas eft refté trois jours & trois nuits dans le ventre de la baleine, tout de même le fils de l'homme reftera trois jours & trois nuits dans le fein de la terre. Jéfus-Chrift, difent-ils, eft mort le Vendredi à midi & il eft reffufcité le Dimanche à la pointe du jour. Par quelle fuppofition, par quel effort d'imagination peut-on trouver trois jours & trois nuits dans un efpace de 37. ou de 40. heures ? Ils font furpris de ce que le Meffie fortant quelquefois de fa fimplicité ordinaire, a recours à des fubtilités pour ne pas répondre directement aux queftions qu'on lui fait, comme, par exemple, lorfque les Pharifiens lui ayant demandé fur quoi étoit fondé le pouvoir qu'il s'attribuoit d'enfeigner le peuple, il éluda cette queftion par une autre queftion embarraffante qu'il leur fit fur le baptême de St. Jean, à laquelle fes ennemis ne fçurent que répondre. De pareilles fubtilités paroiffent convenir plutôt à un Sophifte qu'à la gravité d'un Homme-Dieu. Sans nous arrêter à d'autres chicanes que les incrédules peuvent faire fur la maniere dont les Evangéliftes font raifonner le Meffie, finiffons par celui de tous les raifonnemens qui leur paroît le moins jufte ou du moins le plus contradictoire.

On ne peut pas douter que St. Jean n'ait eu le deffein d'établir la Divinité de Jéfus-Chrift dans fon Evangile, il ne perd aucune occafion dans la fuite d'appuyer ce dogme, il la fait même fouvent naître ; on fent que c'eft fa principale vue, ou, pour mieux dire, on voit que c'eft fon véritable objet : qui croiroit cependant que cet Evangélifte fournit un des plus forts argumens qu'on puiffe faire contre le dogme favori qu'il veut établir ? St. Jean renverfe d'une feule parole tout l'édifice qu'il a construit & c'eft dans la bouche du Meffie même qu'il met cette parole fi préjudiciable à fa Divinité ; voici les propres termes de l'Evangile.

„ Les Juifs environnant Jéfus-Chrift
„ lui dirent (27) jufqu'à quand tien-
„ drez-vous nos efprits en fufpens ? Si
„ vous êtes le Chrift dites-nous-le ou-
„ vertement. Il leur dit : je vous l'ai
„ dit, mais vous ne me croyez pas ;
„ cependant les œuvres que je fais au
„ nom de mon Pere rendent témoigna-

(27) Jean X. 24. & feq.

„ ge de moi. Mon Pere & moi som-
„ mes une même chofe; alors les Juifs
„ prirent des pierres pour le lapider ;
„ mais Jéfus-Chrift leur dit : j'ai fait
„ plufieurs bonnes œuvres en votre
„ préfence par la vertu de mon Pere,
„ pour laquelle de ces bonnes œuvres
„ me lapidez-vous ? Les Juifs lui ré-
„ pondirent : ce n'eft pas pour une bon-
„ ne œuvre que nous vous lapidons,
„ mais pour un blafphême, & parce
„ qu'étant homme vous vous faites Dieu.
„ Jéfus leur repartit : n'eft-il pas écrit
„ dans votre loi, j'ai dit que vous êtes
„ des Dieux ? Or fi ceux à qui cet-
„ te parole s'adreffe font appellés des
„ Dieux par l'Ecriture même qui ne
„ peut errer, comment pouvez-vous
„ dire que celui que le Pere a fancti-
„ fié & qu'il a envoyé dans le monde,
„ blafphême, parce qu'il dit : je fuis le
„ fils de Dieu ?

Pour fentir la conféquence défavanta-
geufe à la Divinité de Jéfus-Chrift,
qu'on peut tirer de ces paroles de l'E-
vangile, il n'a fallu que les rapporter,
elles font fi claires, fi formelles & par
conféquent fi embarraffantes pour les
Commentateurs qu'ils font obligés d'ex-

pliquer en cet endroit l'Evangile par lui-même, c'est-à-dire, qu'ils font obligés de recourir à d'autres endroits de l'Evangile où St. Jean dit positivement le contraire de ce qu'il paroît dire ici. Mais la difficulté fubfifte toujours en fon entier; les efforts des Commentateurs ne la levent point. Tout ce qu'on peut conclure de plus favorable pour la Divinité de Jéfus-Chrift, c'eft que St. Jean ayant établi ailleurs ce dogme il dément ici fon fyftême par un raifonnement faux, qu'il fait faire au Meffie.

On convient que Jéfus-Chrift a dit fouvent qu'il étoit égal à Dieu, qu'il étoit une même chofe avec fon Pere, qu'il étoit Dieu: il le dit fi clairement que les Juifs ne s'y font point trompés, ils ont pris fes paroles à la lettre; ils l'ont voulu lapider à caufe du blafphême qu'elles leur paroiffoient renfermer; & c'eft fur cela que Jéfus-Chrift entreprend de fe juftifier par l'explication qu'il donne lui-mème à fes paroles dont les Juifs étoient fcandalifés : vous me traitez, leur dit-il, de Blafphémateur parce que j'ai dit que j'étois Dieu? Hé quoi! fi les magiftrats & les juges du peuple font appellés Dieux dans l'Ecriture, ne puis-je prendre cette qualité, moi que le Pere a fanctifié & qu'il a envoyé au monde? Il n'y a perfonne qui ne fente que ce raifonnement peche en ce que Jéfus-Chrift fe met dans le même rang que les juges & les magiftrats, quoique dans un dégré fupérieur à eux. Or les juges & les magiftrats font appellés improprement des Dieux dans l'Ecriture, par conféquent Jéfus-Chrift fait entendre que c'eft improprement auffi qu'il prend la qualité de Dieu. Car enfin quoiqu'il fe croie mieux fondé à prendre cette qualité que ceux à qui l'Ecriture l'attribue, cette différence n'eft que du plus au moins, & laiffe toujours Jéfus-Chrift dans le même genre que ceux à qui il fe compare. Voilà du moins la feule maniere dont une logique un peu exacte permet qu'on explique ces paroles.

Il faut convenir après tout que ce n'étoit pas l'intention de l'Evangélifte qu'on les entendît en ce fens ; il s'eft trop clairement déclaré ailleurs pour qu'on puiffe l'en foupçonner. Saint Jean a cru mettre dans la bouche du Meffie un argument fubtil qui confondroit ſes ennemis, & il lui fait faire un raiſonnement injurieux à ſa Divinité dans l'endroit de l'Evangile où il étoit plus à propos d'établir ce dogme d'une maniere inconteſtable ; c'eſt-à-dire au moment où les Juifs preſſent Jéſus-Chriſt de ne les pas tenir en ſuſpens & de leur déclarer nettement qui il eſt.

Il leur dit à la vérité qu'il eſt Dieu, mais en même tems il donne une explication qui en renverſe l'idée, & qui tend ſimplement à le faire regarder comme un homme que Dieu a voulu diſtinguer du reſte des hommes.

Si les hiſtoriens de Jéſus-Chriſt avoient été meilleurs logiciens, les raiſonnemens qu'ils lui ont fait faire paroîtroient plus ſuivis & plus concluans ; mais les premiers Chrétiens qui compoſerent les Evangiles n'étoient pas de ſubtils raiſonneurs : ces hommes ſimples, poſſédés de l'amour du merveilleux, n'ont ſongé qu'à en remplir leurs hiſtoires, ils ont fait agir leur maître conformément au goût qui les dominoit, & du reſte ils l'ont fait raiſonner comme s'ils raiſonnoient eux-mêmes. Les diſciples du Meſſie étoient pauvres, ils ont mis la pauvreté en honneur dans l'Evangile;

ils étoient perfécutés, ils ont promis le royaume des cieux à ceux qui fouffroient la perfécution ; ils avoient une foi vive pour des dogmes & pour des faits incroyables, ils ont recommandé fur toutes chofes la fimplicité de l'efprit. Cette fimplicité eft néceffaire aux fideles non feulement pour croire les miracles de Jéfus-Chrift & pour embraffer fes dogmes, mais elle leur eft encore néceffaire pour pouvoir entrer dans fes raifonnemens. On ne fera jamais du nombre de fes difciples fi on ne devient femblable aux enfans, leurs pareils feuls auront part au royaume de fon Pere ; il faut être comme eux fimples & dociles, faire de la raifon le même ufage qu'ils en font. Ce que nous venons de rapporter du raifonnement du Meffie, fait voir qu'il a donné luimême l'exemple de cette fimplicité qu'il a tant recommandée.

F I N.